JN285548

良子《ながこ》皇太后と美智子皇后

渡辺みどり

講談社+α文庫

目次

第二章 華やかな装いに秘められた生き方

第四章　苦しい戦争を乗り切って

第五章　みのりの秋《とき》、新しい皇室のはじまり

良子《ながこ》皇太后と美智子皇后

皇太后ご一家と親族

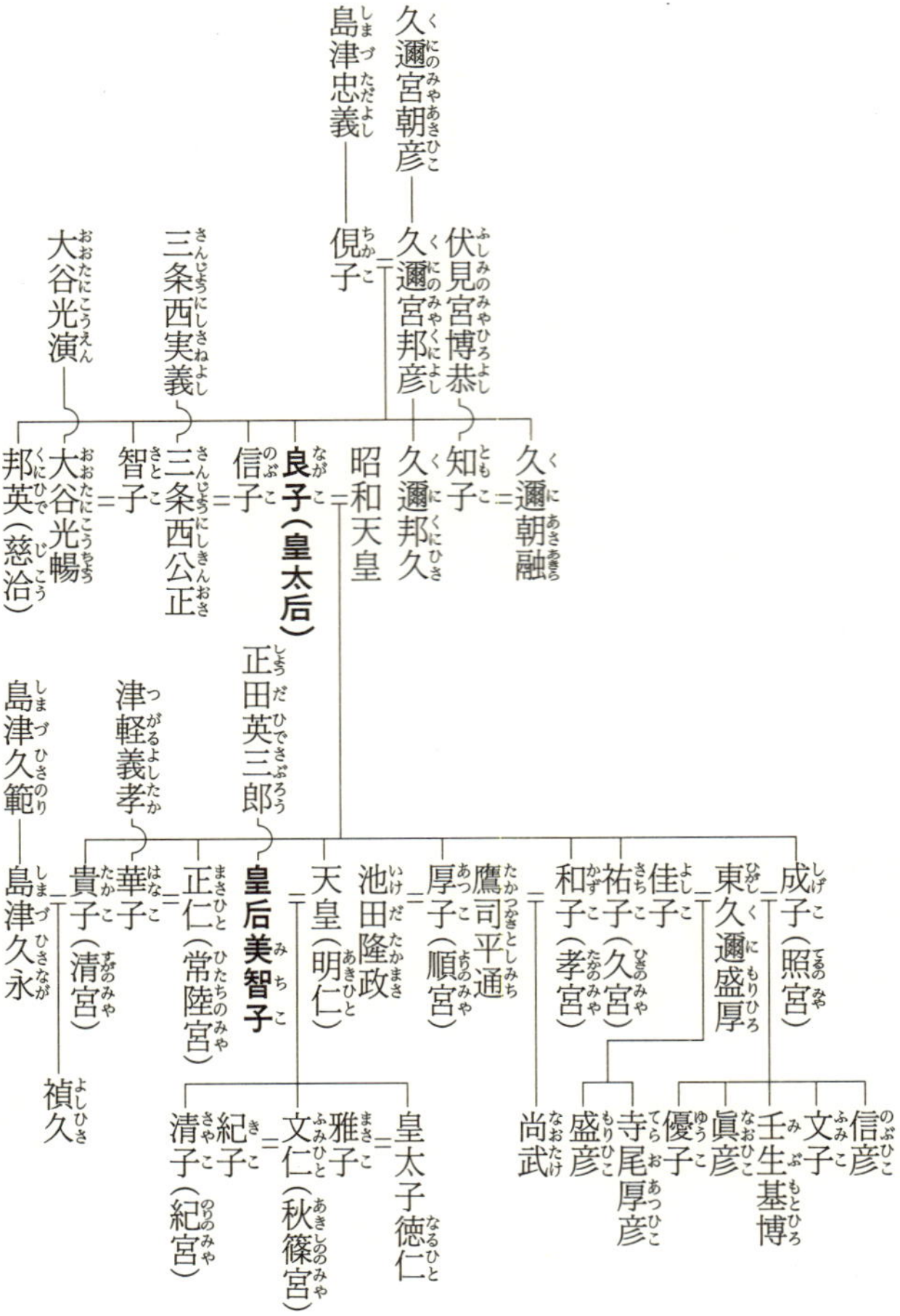

久邇宮朝彦《くにのみやあさひこ》
島津忠義《しまづただよし》
伏見宮博恭《ふしみのみやひろよし》
久邇宮邦彦《くにのみやくによし》
俔子《ちかこ》
三条西実義《さんじょうにしさねよし》
大谷光演《おおたにこうえん》
久邇朝融《くにあさあきら》
知子《ともこ》
久邇邦久《くにくにひさ》
昭和天皇
良子《ながこ》（皇太后）
信子《のぶこ》
三条西公正《さんじょうにしきんおさ》
智子《さとこ》
大谷光暢《おおたにこうちょう》
邦英《くにひで》（慈洽《じこう》）
正田英三郎《しょうだひでさぶろう》
津軽義孝《つがるよしたか》
島津久範《しまづひさのり》
成子《しげこ》（照宮《てるのみや》）
東久邇盛厚《ひがしくにもりひろ》
佳子《よしこ》
祐子《さちこ》（久宮《ひさのみや》）
和子《かずこ》（孝宮《たかのみや》）
鷹司平通《たかつかさとしみち》
厚子《あつこ》（順宮《よりのみや》）
池田隆政《いけだたかまさ》
天皇（明仁《あきひと》）
皇后美智子《みちこ》
正仁《まさひと》（常陸宮《ひたちのみや》）
華子《はなこ》
貴子《たかこ》（清宮《すがのみや》）
島津久永《しまづひさなが》
信彦《のぶひこ》
文子《ふみこ》
壬生基博《みぶもとひろ》
眞彦《なおひこ》
優子《ゆうこ》
寺尾厚彦《てらおあつひこ》
盛彦《もりひこ》
尚武《なおたけ》
皇太子徳仁《なるひと》
雅子《まさこ》
文仁《ふみひと》（秋篠宮《あきしののみや》）
紀子《きこ》
清子《さやこ》（紀宮《のりのみや》）
禎久《よしひさ》

文庫版のための序章　歴代皇太后の最長寿良子《ながこ》さま

九十七歳のお誕生日を迎えられて

東京都千代田区千代田一番一号、私たちは、ここを皇居と呼んでいる。皇太后良子《ながこ》さまは吹上大宮御所《ふきあげおおみやごしょ》にお住まいになっている。吹上大宮御所は昭和四十六年（一九七一年）十一月二十七日完成、地上二階、床面積のべ一千五百四平方メートル。

昭和天皇が崩御《ほうぎょ》されて、はや十年の時が流れ、平成の天皇は即位十年を迎えられた。良子さまは明治三十六年（一九〇三年）三月六日生まれ、平成十二年（二〇〇〇年）の春には九十七歳のお誕生日を迎えられた。

歴代皇太后の最長寿である良子さまの、今のライフスタイルをご紹介しよう。

人間にとって老いやボケは貧富の別なく近づいてくる。現在、皇太后良子さまの生活は二十四時間態勢の完全介護、移動はすべて車椅子である。

平成十一年（一九九九年）二月、良子さまは風邪で三十八度以上の熱が出、周囲を慌《あわ》てさせたが現在は体調もよく落ち着いていられ、お年を考えると健康状態はよいほうだ。良子さまの現在の体重は約五十八キロ、平熱は約三十七度。三ヵ月に一度、歯の検診も受けていられる。

吹上大宮御所の朝は早い。良子さまは、午前七時二十分起床。お目覚めは、当直の看護婦がお起こしするが、良子さまご自身でお目覚めのこともある。良子さまの洗顔、おむつの交換、お召し替えのお手伝いは、宿直の看護婦二人が分業して行なう。脱がせる、着せる、脱がせたものをまとめて始末する。それを女孺《にょじゅ》が受け取る。良子さまは、なすがままにしていられる。その情景は、大切な博多人形の手入れをする有り様を思わせるものがある。

良子さまの一日は、看護婦に助けられ車椅子《くるまいす》に乗られることからはじまる。女官が押す車椅子で移動、昭和天皇のお写真にお参りなさる。六十年以上連れ添った背の君のお写真を前に、その判別はいかがなものだろうか。

良子さまの老衰は進み、移動はすべて車椅子で、足腰は完全に萎《な》えたご様子である。

朝食は八時三十分、食堂で召し上がる。メニューは昭和天皇在世のころから長年にわたって洋風だ。オートミール、トースト、野菜サラダ、ミルク、果物などだ。食事は大膳《だいぜん》がつくり、吹上大宮御所に運ばれ、あたため直して食卓に出す。

お昼は十二時三十分。ある日のメニューをご紹介する。ごく細かく刻んだ若鳥の肉入りコロッケ、野菜スープ、サラダなど。夕食は六時。間食はなさらない。

三度の食事のメニューは大膳が担当する。昭和天皇が在世の折は、昼食のメニューが和食ならば夕食が洋食という時代もあった。しかしカロリーを考え、最近は和食を軸にしたメニューが多い。

大膳課には管理栄養士もおり、カロリー計算だけではなく肉、魚、野菜、貝類などバランスのとれた食事を研究している。さらに百歳近い良子さまの体調を考えて、歯や胃の負担にならないよう肉や野菜は口の中でとろけるほど柔らかく煮てあり、魚の小骨は刺さったりしないように取り除く。

ごく普通のお惣菜《そうざい》料理も多く、たとえば、ほうれんそうのごま和え、またあるときは、しらす干しと大根おろし、かぼちゃ、さつまいもの甘煮など、ごく当たり前の献立だ。外部で想像する以上に健康を考えた細やかなものが多く、贅沢《ぜいたく》とは程遠い。野菜や畜産品は、栃木県高根沢《たかねざわ》町の御料《ごりよう》牧場で生産したものが使われている。

在りし日の昭和天皇の、いろいろなものを食べるのが健康によいというお考えが、今の良子さまの献立に影響を残している。

昭和天皇との思い出

昼食を済ませた良子さまは、一時三十分から一時間お昼寝をなさる。お天気がいいときには、北白川女官長が車椅子を押して吹上のお庭を散歩なさる。

在りし日の昭和天皇は良子さまとよくおそろいで朝のお散歩をなさった。昭和天皇が良子さまに、

「良宮《ながみや》、今日はどちらに行く？」

と優しい調子で言われる。良子さまが、

「御意《ぎょい》のままに。どちらにでもお供いたします」

以前、膝《ひざ》を痛められた良子さまをお気遣いになった昭和天皇は、よく、

「良宮、大丈夫？」

とおっしゃった。

「大丈夫でございます」

と良子さまは、きれいなソプラノでお答えになったというようなお話を、亡き入江《いりえ》相政《すけまさ》侍従長から伺ったことがある。

お散歩のコースは、季節によって異なる。私が伺ったのは吹上御所から大池に通じる小

道を行くと見える、ナツメの木二本がお散歩の目標だった。

これは昭和天皇の喜寿のお祝いに菊栄親睦会《きくえいしんぼくかい》の親族の方々から贈られたものだ。バラ園にお立ち寄りになって一時間のお散歩は終わる。

これも遠い昔のことになってしまった。車椅子の良子さまは、このお散歩を思い浮かべていらっしゃるのではないだろうか。

美智子さま御歌《ぎょか》　香

かなたより木の花なるか香り来る
母宮の御所に続くこの道

お散歩から帰られた良子さまは女官に助けられながら、ベランダでお好きな画集をご覧になる。

吹上御苑の緑の森に夕闇《ゆうやみ》迫る五時過ぎ、皇太后良子さまの周辺は夜勤の態勢に入る。当直の態勢をご紹介しよう。

侍医一名。ドクターは午後三時には交替を済ませている。女官は二名。交替時間はお昼前。看護婦は二名。

担当は当然のことながら、良子さまの寝室に待機している。一日四回、体温を測り脈をとって記録する。

彼女らは夕方五時から翌朝九時まで良子さまの寝室に詰め、徹夜勤務をする。このほか御用掛《ごようがかり》、女嬬ほか二名も夕方五時から翌朝九時三十分までの徹夜勤務につく。

役割によって時間のずれがあるのは引き継ぎ事務のせいだろう。夜勤は水も漏《も》らさぬ十人体制の介護だ。このほか週に一度、侍医が良子さまの健康診断を行なう。

老衰は着実に進行

しかし、老衰は着実に進行している。今の良子さまは物事を理解できるときと、できないときの判別がつかないご様子と伺った。

総理府の管轄《かんかつ》下にある宮内庁には皇太后宮職がある。一言で言えば、皇太后良子さまの日常のお世話を担当する介護専門職機関と言える。そのメンバーは、

皇太后宮大夫《こうたいごうぐうだいぶ》　井関英男《いぜきひでお》

皇太后宮職参事　渡邉《わたなべ》昭治《しょうじ》
皇太后宮女官《にょかん》長　北白川《きたしらかわ》祥子《さちこ》
皇太后宮女官　福永《ふくなが》泰子《やすこ》
同　安藤《あんどう》桃子《ももこ》
同　河合《かわい》裕子《ひろこ》
同　東久世《ひがしくぜ》百合子《ゆりこ》
同　内藤《ないとう》清子《きよこ》
皇太后宮侍医長　加藤《かとう》健三《けんぞう》
皇太后宮侍医　大橋《おおはし》敏之《としゆき》
同　伊東《いとう》貞三《ていぞう》
同　橋爪《はしづめ》敬三《けいぞう》

このほか御用掛九人、看護婦六人、内禁係（女嬬）八人、事務担当を加えると三十数人の大所帯である。

女官長の大任を果たされている北白川祥子さんは、旧皇族、故北白川宮永久王妃。夫の永久王は日中戦争のノモンハン戦線で戦死された方だ。

かつて皇太子妃候補に正田美智子《しょうだみちこ》さんが登場した折に早くから本命視されていた旧皇族の北白川肇子《きたしらかわはつこ》さんと言えば、ご記憶の方も多いことと思う。その肇子さんの母上が、北白川女官長である。亡き徳川侍従長の妹にもあたり、天皇家とのご縁も深い。

女官福永泰子さんと言えば、昭和の政略結婚と騒がれたラストエンペラーの弟愛新覚羅《あいしんかくら》溥傑《ふけつ》氏に嫁いだ浩《ひろ》さんの妹にあたる。弟の嵯峨《さが》公元《きんもと》氏ご葬儀の折、お見受けした福永女官の作法にかなった立ち居振る舞いが印象に残っている。

また島津貴子《しまづたかこ》さんと学習院高等部で同級生だった河合裕子女官は、かつて日本テレビに勤務していた。日本舞踊、花柳流の名取で花柳奈遊《はなやぎなゆう》の名を持つ才媛《さいえん》だ。

井関皇太后宮大夫は、昭和五十五年（一九八〇年）二月二十三日、皇太子殿下が成人の折、加冠の儀に立ち会われた方だ。純白の懸緒《かけお》をパチンと切る、はさみの音が印象に残っている。

皇后美智子さまは、その情景をこう詠《よ》まれた。

音さやに懸緒截《き》られし子の立てば

はろけく遠しかの如月《きさらぎ》は

宮内庁の発表によれば、昭和天皇が亡くなってのち、皇太后良子さまは葉山、那須、須崎の御用邸での静養と誕生日祝賀行事、武蔵野陵《むさしのりょう》参拝をこなされてきた。

しかし須崎御用邸は平成四年（一九九二年）、那須御用邸が平成五年を最後に、お出掛けはない。昭和天皇の御陵・武蔵野陵参拝も平成六年以降お出ましはない。良子さまの行動範囲が次第に狭まっているが、車椅子での移動という負担をできるだけ避けたいというのが宮内庁の意向だという。

平成十年（一九九八年）、良子さまの周辺で変わったことと言えば、三月六日の良子さまお誕生日の祝賀の会場が宮殿から吹上大宮御所に変わったこと。これも車椅子での移動を配慮してのことである。

かつて昭和天皇在世の折、良子さまがお誕生日の祝辞を受けられるお姿を取材で拝見したが、祝辞は長々と大変大げさなものに感じられた。

「今日はおめでたくご誕辰《たんしん》をお迎えあそばされまして恐悦に存じ上げます。これからもどうかお健やかに、お祈り申し上げます」

良子さまのこれまで通りのお出掛けは、葉山御用邸の春と秋のご静養である。

平成十一年（一九九九年）の秋も、十月中旬から葉山の御用邸で静養なさった。葉山は良子さまにとって先帝陛下との思い出の地でもあり仲睦《なかむつ》まじく過ごされたことを思い出され、ご気分がよくなるらしい。

皇后美智子さまは、葉山でのお二人の様子を歌に詠まれた。

つくし摘みしかの日の葉山
先《さき》つ帝后《みかどきさき》の宮の揃い在《いま》しき

スープの冷めない距離に

毎週日曜日の午後三時（公務があれば土曜日に変更）、吹上大宮御所は華やいだ雰囲気に包まれる。それは、お子さまやお孫さまがたのお見舞いがあるからだ。天皇陛下と皇后美智子さま、そして孫の紀宮《のりのみや》さまもお出でになる。

また常陸宮《ひたちのみや》ご夫妻も、月に二回ほど母である良子さまをお見舞いになられている。秋篠宮《あきしののみや》ご一家もときどき、良子さまを訪問され、大広間で、ご一緒にビデオカセットなどをご覧になる。天皇陛下と皇后美智子さま、そして孫の紀宮さまの三人は御所から、お庭伝いに吹上大宮御所の皇太后良子さまを訪問される。

陛下も折に触れ、母君を乗せた車椅子をご自身で押して散歩をなさる。

美智子さま御歌　緑陰《りょくいん》

母宮のみ車椅子をゆるやかに

押して君ゆかす緑陰の道

このお歌は天皇陛下が母である良子さまの車椅子を押し、親孝行なさっている情景を詠まれたものである。

平成十年（一九九八年）六月、英国・デンマークの外国訪問からお帰りになったとき、皇后美智子さまは吹上のバラ園で良子さまの車椅子を押して一緒に散歩された。きっと旧知の間柄でいられる英国のクイーン・マザーやエリザベス女王の近況をお話しなさったに違いない。果たして、良子さまは理解されたのであろうか。

歴代の皇太后陛下の大宮御所は、皆お堀の外にあった。孝明《こうめい》天皇の英照《えいしょう》皇太后、明治天皇の昭憲《しょうけん》皇太后、大正天皇の貞明《ていめい》皇后、いつの時代も天皇陛下の母君のお住まいは、お堀を隔てて別のところにあった。

平成の御代に入り、皇太后良子さまと陛下と美智子さまがスープの冷めない距離にお住まいになることは、国民にとって心和むことである。

美智子さまが良子さまとお食事などでお会いになった回数

	定例御参内	吹上御所、宮殿及び行啓先	合計回数
昭和34年	14	13	27
35年	11	27	38
36年	25	34	59
37年	26	39	65
38年	12	20	32
39年	23	42	65
40年	20	24	44
41年	25	28	53
42年	25	28	53
43年	28	23	51
44年	17	26	43
45年	22	49	71
50年	27	26	53
55年	24	27	51
60年	13	18	31
61年	20	9	29
62年	19	23(お見舞い等)	42
63年	6	111(お見舞い等)	117
64年	(7日間)0	7(お見舞い等)	7
			計931

美智子さまが良子さまをお訪ねになった回数

	行啓先	合計回数
平成元年	昭和天皇崩御後の伺候	56(43日間)
元年2/25以降	吹上大宮御所	43
2年	吹上大宮御所	24
3年	吹上大宮御所	21
4年	吹上大宮御所	22
5年	吹上大宮御所	20
6年	吹上大宮御所	19
7年	吹上大宮御所	44
8年	吹上大宮御所	45
9年	吹上大宮御所	39
10年	吹上大宮御所	39
		計372

昭和　931回
平成　372回
計 1303回

第一章　二人の妃《きさき》、嫁と姑《しゅうとめ》

嫁姑《よめしゅうとめ》関係を伝える二つの日記

昭和から平成に時が移った折、時代の変遷《へんせん》という大きな流れの中でさまざまな昭和史の資料が現れ、話題になった。中でも『入江相政《いりえすけまさ》日記』（朝日新聞社）と『梨本宮伊都子《なしもとのみやいつこ》妃の日記』（小学館）は、出色のものである。

若き日の美智子皇后が、日本の歴史はじまって以来初めての民間出身者であるゆえ味わわれたご苦労を浮き彫りにし、皇室という特殊な社会の難しさを偲《しの》ばせる材料が、多く出現している。

入江相政氏は学習院の国文学の教授から、昭和九年（一九三四年）に侍従になっている。昭和十年（一九三五年）一月から、死の直前の昭和六十年（一九八五年）九月二十九日、虚血性心不全で急死する前日まで書き続けている。

五十年間一日もサボらず、戦後、物資が不足したときに使った大学ノート六冊、「自由日誌」二冊、「当用日記」四十七冊にも及ぶ。

入江氏は宮内庁の官僚とは異なり、その家柄は平安の昔から何代かの祖先が公家として天皇に仕え、父の為守《ためもり》は昭和天皇の皇太子時代の東宮侍従長《とうぐうじじゅうちょう》を務めた。

母、信子《のぶこ》さんは大正天皇の生母柳原《やなぎはらに》二位局《いのつぼね》の姪《めい》であり、三笠宮百合子《みかさのみやゆりこ》妃は相政氏の姪にあたり、天皇家との縁は深い。
昭和九年に入江相政氏が侍従を拝命したとき、信子さんから、「大切なお役目につくのだから、毎日、日記をつけるように」と諭されて、書きはじめたものである。
皇太子（今上天皇）の結婚問題が最初に『入江相政日記』に登場するのは、昭和二十六年（一九五一年）七月十八日である。

七月十八日（水）晴れ
（前略）二時に御文庫へ寄り山田君を乗せて東宮御所へ行く。小泉、野村、黒木、途中から清水も加わって懇談。御殿場の問題と東宮さまのご結婚の問題である。

七月二十九日（日）快晴
（前略）今朝の新聞に東宮さまの御縁談について朝日と読売とに記事が出ていて田島長官談というのがあるが、これは一体どうしたものだろうか。午後読売の人が来

て北白川肇子さんの写真について聞きに来る。（後略）

戦後の昭和二十六年と言えば、今上天皇は十七歳。学習院高等部に在籍、高校二年生になっていた。

七月二十九日の新聞記事に出た田島長官談によれば「皇太子の結婚の相手を選ばれる範囲は当然元皇族が第一候補にあげられる」とあり、そんな情勢から旧皇族の北白川肇子《きたしらかわはつこ》さんの名前があがってきた。

北白川肇子さんは、昭和十五年（一九四〇年）に陸軍で戦病死した旧皇族・北白川宮永久王の長女、母は現在、皇太后良子さまの女官長を務める北白川祥子《さちこ》さんだ。

この年の五月十七日、昭和天皇の母にあたる皇太后が逝去《せいきょ》（貞明《ていめい》皇后と贈名《おくりな》された）。

貞明皇后は明治三十三年（一九〇〇年）、十五歳で東宮妃として入内。昭憲《しょうけん》皇太后と夫の生母柳原二位局という二人の姑に仕えた。

長男昭和天皇を筆頭に次男秩父宮《ちちぶのみや》、三男高松宮《たかまつのみや》、四男三笠宮《みかさのみや》と四人の男の子の母となった。大宮さまと敬われた貞明皇后は明治維新を越えて、なおも残っていたお局《つぼね》制度を実質的に廃止、四人の男子を産んだ母として、結果的に天皇家に一夫一婦制をもたらした実力者だ。

この年、今上天皇のすぐ上の姉三女順宮厚子《よりのみやあつこ》内親王と旧備前岡山藩主池田《いけだ》隆政《たかまさ》氏との婚約が発表されている。

隆政氏の父宣政《のぶまさ》氏の母安喜子《あきこ》さんは、良子さまの父久邇宮邦彦《くにのみやくによし》王の姉で、良子さまと宣政氏は父かたのいとこにあたり、血族結婚であった。

明くる昭和二十七年（一九五二年）十一月十日、皇太子としての身分を国の内外に宣言する儀式、立太子の礼をあげられた今上天皇は一般より二年早い成人式を済ませた。

昭和二十八年（一九五三年）三月三十日には、昭和天皇の名代として英国エリザベス女王の戴冠式《たいかんしき》に出発されている。

昭和天皇と良子さまは、横浜港を船出する様子を初の実況中継を行なったテレビでご覧になった。これは今上天皇にとって、事実上の皇室外交のデビューだった。

波乱含みの皇太子さまのお妃選び

昭和二十六年（一九五一年）、明仁《あきひと》親王が青年に達したころから、宮内庁は皇太子妃選考の準備をはじめ、旧皇族・華族の戸籍をもとに、八百人の候補者リストを作成した。

戦前、皇太子妃は「皇族または特定華族（五摂家）」から選ばれることになっており、このときもそれを基本方針にしながら進めたが、昭和三十年（一九五五年）に至っても決定的な候補は見つからなかった。

昭和三十一年には民間からも選考する方針を打ち出したが、候補者は現れない。当時の選考委員は、宮内庁長官宇佐美毅《うさみたけし》、侍従長三谷隆信《みたにたかのぶ》、東宮御教育常時参与小泉信三《こいずみしんぞう》、東宮大夫鈴木菊男《すずききくお》、東宮侍従黒木従達《くろきじゆうたつ》の各氏、それに昭和天皇の指名で前宮内庁長官田島道治《たじまみちじ》氏が加わった。

昭和三十二年（一九五七年）、選考委員は昭和天皇の許可を得て、民間に皇太子妃を求める準備をはじめた。女子教育に実績を持つ、聖心女子大学、東京女子大学、日本女子大学などに非公式に推薦を依頼したところ、各大学からリストが送られてきた中で「正田美智子」の名が聖心のトップにあげられた。

しかも、明仁親王自身が昭和三十三年（一九五八年）二月ごろ、小泉信三氏に「この人も選考対象に入れてください」と候補にあげていたのが正田美智子さんであった。

昭和三十二年二月十二日

長官東京より来。両陛下に拝謁。東宮さまの妃殿下のこと申し上げた。

この昭和三十二年三月、大学から回答のあったリストから、選考の結果、お妃候補は十人くらいに絞られた。もちろん、正田美智子の名も入っていた。五月二日、調査結果がまとまった。宇佐美宮内庁長官官舎で開かれた会議で、正田美智子さんを第一候補に決定している。

七月二十三日、台風十一号の風雨をついて、葉山御用邸に宇佐美長官、小泉東宮参与、鈴木東宮大夫の三人が昭和天皇、皇后に選考事情を報告した。

第一候補の正田美智子の名前を聞いて、皇后はたいへん驚かれた。良子皇后は、「正田美智子を皇太子妃に」という話を最初に聞かれたとき、民間出身という意外さに驚愕《きょうがく》して問い返されたという。

宮内庁長官は、「皇族にも華族にも探したが、適当なかたがいなかった」と幾度も幾度も説明して、不本意ながら、ようやく納得していただいたのが真相である。

相前後して皇太子自身もこれまでの事情を母上に熱意を込めて説明し、説得に努めた。

皇太子妃は旧皇族か、旧華族から選ばれるとばかり思われていたのである。

皇后ばかりではなく、常磐会《ときわかい》（女子学習院同窓会）では「旧皇族・華族出身でなければつとまるわけがない。それに、民間からでは国民感情が納得しないだろう」という意見だった。

平民との結婚に良子皇后は、決して賛成ではなかったということは『入江相政日記』にも多く記録されている。

以下、『入江相政日記』を検証しよう。

昭和三十三年十月十一日（土）快晴

（前略）東宮様のご縁談について平民からとは怪しからんというようなことで皇后さまが勢津君様と喜久君様を招んでお訴えになった由。この夏御殿場でも勢津、喜久に松平信子という顔ぶれで田島さん（元宮内庁長官）に同じ趣旨のことをいわれた由。併《しか》しそれにしてもそんなことをただじっと見つめているだけとは情けない知恵のない話しである。

私の個人的な解釈だが、昭和三十三年といえば日本の敗戦からはや十三年もたち、民主主義、新憲法のもとですでに皇族・華族という階級制度はなくなっていた。

これに対し、この現実を受け入れがたいことと感じていた古い世代の皇族がいたことも事実であった。

いかに時代が変わったとはいえ、これまでの皇太子妃となるべき条件からは大きな隔りがあった。正田家のためらいも、やはりこの身分の違いが最初にあった。正田家が家族会議を開き一大決心をして、ようやくこの結婚を受け入れたのと同じように、皇室である天皇家も価値観を変えなくてはならなかったのである。

上流階級を仕切る実力者

『入江相政日記』によく登場する松平信子《まつだいらのぶこ》さんについて述べておく。

旧佐賀の鍋島藩主鍋島直大《なべしまなおひろ》の末の姫として生まれ、今は亡き秩父宮《ちちぶのみや》勢津子《せつこ》妃の母で、梨本宮伊都子妃の末の妹にあたる。松平恒雄《まつだいらつねお》外務大臣の令夫人という立場で、戦前の上流社会を取り仕切っていた。

戦後も常磐会会長として隠然たる勢力を持ち続け、外交官夫人たちの集まりである霞クラブにおけるマナー指導にしても、その厳しさは想像を絶するものであったらしい。言うなれば、戦前・戦後を通じ上流社会を取り仕切る実力者であった。

戦後、松平信子さんは小泉信三氏らとともに東宮参与に任ぜられるや、愛情のすべてを皇太子であった明仁親王に注ぎ、皇太子妃選考には重要な役割を担うと自他ともに許す存在でもあった。

しかし、時代の流れは厳しい。皇太子妃選考は伯爵家以上の八百人もの令嬢をあたりながら暗礁《あんしょう》に乗り上げ、大幅に計画変更を余儀なくされた。

この結果、松平信子さんは、ほぼ完全に皇太子妃選考作業から排除されてしまったのである。彼女の存在は、逆に危険視された。妨害し、反対運動を起こす恐れが多分にあったからだ。正田美智子決定の情報が松平信子さんの耳に入ったのは、決定の二日前であった。

「この先、どんな問題が生じても、私は知りませんからね。皆さままで解決あそばして……」と使者にたった黒木侍従をにらみつけたそうだ。

正田美智子さんの東宮妃内定に際して旧皇族・華族社会から大きな反動の波が生じた。その苛立《いらだ》ちは女性らしい行動のパターンに発展していった。松平邸に東宮女官長の牧野《まきの》純《すみ》子《こ》さんら旧華族出身の女官クラスが、当時よく集まっていた。

「やはり、平民では問題が生じるのでは……」「平民からとはけしからん」と総括される入江日記による、その反動は露骨に現れた。

「私の選んだ人を見てください」

昭和三十四年（一九五九年）、爽やかな表現で結婚を発表した天皇家の末娘、清宮貴子《すがのみやたかこ》内親王の夫は良子皇后の母かたの人脈であった。母かたのいとこの子どもになる旧華族島津《しまづ》久永《ひさなが》氏だった。この結婚に声援を送り、ほっとしたのは常磐会関係者だという。

「聖心に取られるな」を合い言葉に、天皇家の次男義宮妃選考にはその感情が露骨《ろこつ》に現れた。

義宮妃となられた津軽華子さんは旧弘前藩主の津軽義孝の四女で、初等科から短大まで学習院に学んだ。

この縁談は、叔父である徳川義寛《とくがわよしひろ》侍従の家で天皇家の次男義宮と華子さんが見合いをし成立した。

美智子さまのご心労が偲《しの》ばれる

高松宮妃の著書『菊と葵の物語』に、こんな一文がある。

昭和三十九年の春頃のこと、私（高松宮妃）の昔の同級生津軽久子さんのところのお姫様が常陸宮《ひたちのみや》様の御妃にお決りになって、皇后様から私に一つ、直《じ》き直《じ》きの御沙汰があった。

「華子の和服の見立てと仕度とを、君さんに頼みたい」

との仰せである。

私は、自分独りでやるより、秩父宮のお姉様や三笠宮妃の百合君様にも相談に乗って戴いたほうがいいと思い、お二方においで願って、方々の店から呉服を取り寄せ、これから親王妃となられる方に必要な、御振袖はじめ、種々の御召物選びにかかった。

まず御振袖だが、これはあとで御留袖に縮めて長くお召しになれるような物をと考えた。

御子様がお出来になったら御振袖はもう召さないのが昔からの習慣だし、かりに御子様が無くても、二十八歳を過ぎると、袖を切って短くするのが宮中のきまりになっていた。おもじ（帯）も、それぞれのお召物に似合うのをお見立てし、皇后様御依嘱のこの仕事がほぼ終りに近づいた。

（中略）九月三十日

お召物について自分がいろいろ御仕度申し上げた華子様の、晴のお姿をまのあたり拝して、大きな喜びを感じた。

喜久子妃の文章を読めば読むほど、義宮妃の結婚には皇后良子さまと義理の妹の妃殿下方の強力なバックアップ、そして常磐会勢の結束が感じられるではないか。美智子妃のご心労が偲《しの》ばれる。

昭和三十三年十一月二十七日（木）快晴

実に静かないい天気である。（中略）十時からの皇室会議は全員一致可決。その事を長官よりお上に奏上。皇后さまには申上げないというので驚いて次長に御文庫へ行ってもらう。（中略）その後、東宮とお茶。記者会見。この時の美智子さんの立派さは忘れられない。（中略）テレビで何度となくその模様を見る。実際大したものである。今日は疲れた。気づかれである。

入江相政氏は、冷静に書きつづっている。

さまざまな「いじめ」の事実

この日は日本の歴史はじまって以来、初めて民間出身の皇太子妃が決定した日であった。歴史に残る記者会見に応じられた正田美智子さんは、晴れて婚約者となった皇太子の印象を、こう話された。

「とてもご誠実で、ご立派で、心からご信頼申し上げ、ご尊敬申し上げていかれるかただというところに魅力を感じました」

お一人で堂々と会見に臨まれた日清製粉社長正田英三郎《しょうだひでさぶろう》氏の長女美智子さんは、薄いピンクのドレス、ミンクのストールを手に、七分間の記者会見は無事に終了した。

天皇陛下の母かたの大叔母にあたる旧皇族梨本宮伊都子妃の『梨本宮伊都子妃の日記』には、次のような記述がある。

伊都子妃は、常磐会の有力な会員であった。同じ皇太子妃決定の日記を紹介しよう。

昭和三十三年十一月二十七日

午前十時半、皇太子殿下の妃となる正田美智子の発表。それから一日中、大さわぎ。テレビにラヂオにさわぎ。

朝からよい晴れにてあたたかし。もう〳〵朝から御婚約発表でうめつくし、憤慨したり、なさけなく思ったり、色々。日本ももうだめだと考えた。

当時、伊都子妃は次のような和歌を詠んでいる。

「右は結婚に付あまりにもかけはなれたる御縁組、おどろかされて心もおさまらず」

思ひきや広野の花をつみとりて
竹のそのふにうつしかへんと
あまりにもかけはなれたるはなしなり
吾日の本も光りおちけり
つくりごとどこまでゆくかしらねども
心よからぬ思ひなりけり

心からことほぎのぶることもなし
あまりの事に言の葉もなし
国民がこぞりていはふはずなるに
みせものごときさわぎ多かる

最初の和歌は、民間出身の女性を皇室に嫁がせるなど一体だれが考えたのだろうか、ということ。「思ひきや」の「や」は疑問を表している。

二首めは、身分の差がありすぎる結婚をするとは日本の威光も地に落ちたことをつくづく思う、と詠んでいると思われる。

三首めは、政略的なことをどこまでやるかわからないけれども、いい気持ちはしない。

四首めは、心から祝辞を述べることもないし、あまり身分の差がありすぎる結婚に呆《あき》れかえって言葉もでないという意味である。

五首めは、本来ならば国民がみんなで厳粛《げんしゅく》に祝うはずなのに見世物のように騒ぎすぎる。これはミッチーブームを批判している。

男の立場、女の立場

昭和三十三年十一月二十七日の入江相政氏と、梨本宮伊都子妃の二つの日記について、考察してみよう。

男性である入江侍従長は自分の立場「侍従長」から、この日記は自分の死後、必ず資料として公開されると予知していたに違いない。淡々と事実のみを記入し、個人的な批評、論評、感情移入はほとんど入っていない。

これに対し、梨本宮伊都子妃の日記は女性らしく、ある意味では大変正直な印象を持った。大名の姫君から皇族妃となった伊都子妃は、日記は「心の鏡」というべきもので、自分を正直に表し、己を見つめるものと教育されたと思われる。

女性は白無垢《しろむく》の打ち掛けを着て懐剣を持って嫁ぎ、死んでも離婚などはできない時代の人でもあった。

死後に自分の日記がマスコミに公開され、ベストセラーとして話題を呼ぶとは、伊都子妃には想像もつかないことだったと思う。

ちなみに、伊都子妃と夫の梨本宮守正王との長女方子《まさこ》女王は、朝鮮李王朝《りおうちょう》最後の皇太子李《り》垠《ぎん》殿下に嫁がれている。いわば、国家レベルの政略結婚で日本の植民地政策の犠牲者という立場にあった。
伊都子妃は、かつてお国のために、わが娘を異国の王朝に嫁がせた体験を持っているだけに、母として複雑な思いを抱かれたのであろう。

昭和三十三年十二月七日
よるとさわると、このせつは正田のはなし。タクシーの運転手まで色々うわさをする。

ふたたび『入江相政日記』に戻る。

昭和三十三年十二月九日（火）快晴
美智子さんの教育に呉竹寮を使うことを昨日お上《かみ》はいいとおっしゃったのに皇后さまはいけないとおっしゃった由。まだモヤモヤがあるらしい。けれども根本的に呉竹寮で何を願おうとするのだろうか。それが第一疑問である。

呉竹寮《くれたけ》とは皇居の中にある旧江戸城本丸跡に建てられ、昭和天皇の内親王がた（故東久邇成子《ひがしくにしげこ》さん、故鷹司和子《たかつかさかずこ》さん、池田厚子《いけだあつこ》さん、島津貴子《しまづたかこ》さん）が幼少時代を過ごされたところである。

当時は空家で、お妃教育に適当な場所と思われていた。文中「お上はいいとおっしゃったのに」とある。

「お上」とは昭和天皇のことである。しかし良子さまは反対であった。このような経緯があって、美智子さんのお妃教育は千代田区三番町の宮内庁分室に決まった。

この事実から推し量ると、内親王がたのお住まいに「平民」を入れることへのこだわりがあったのではないだろうか。

十二月二十二日（月）快晴

いゝ天気である。九時頃出勤。入浴。

（中略）歌集の献上。なお松平信子、宮崎白蓮《みやざきびやくれん》が中心となって今度のご婚儀反対を叫び愛国団体を動かしたりした由。併《しか》し大体取静めたとのこと。（中略）三時半に迎えが来て東宮職へ。四時半に美智子さんが来られそれを旧奉仕者に引合わせる役

を予がつとめる。あと酒を皆で楽しんで八時過に帰宅。(後略)

この日は旧華族の松平信子さん、歌人の宮崎(柳原)白蓮さんらが中心となって、ご婚儀反対を叫ぶ愛国団体の動きがあったということが入江日記に残っている。

入江氏は当時、お妃教育の「宮中慣習」を担当していた。お誕生日の前日、おちいさいときから、お側《そば》につとめたことのある人々およそ三十人を美智子さんに紹介してほしい、という皇太子の要請を受けた入江相政はウィスキーパーティーを開いた。

場所は東京・渋谷の東宮仮御所。この日、美智子さんの装いは和服。入江相政氏のエッセイによれば、水鼠《みずねず》に菊の模様の訪問着であった。

皇太子が誇らしげに、「それではみんなに引き合わせてもらいましょうか」とおっしゃるので、美智子さんに「このおかた(皇太子)はご紹介しなくてもよろしゅうございますか」と念を押したら「もう結構でございます」ということで、入江氏は部屋の中にならんで立っている旧奉仕者の人々を、次から次へと軽妙洒脱《しゃだつ》な話術で美智子さんに紹介された。

美智子さんは適切な相槌《あいづち》をうち、楽しそうに笑っておられた。共通の知人があるようなかたにはいろいろ細かな話題もなさっていた。

こういうことで、たいへんおもしろく楽しい雰囲気のウィスキーパーティーになり、入江氏も相当いいご機嫌になったのだった。

十一月二十七日の史上初の民間出身の皇太子妃正式決定から、ほぼ一ヵ月が過ぎた。着着とご成婚の準備が進む一方では右翼の巨頭を動かし、旧皇族・華族の女性たちが猛烈な反対運動を繰り広げているという恐ろしい事実もあった。

終戦からはや十三年も過ぎており、ようやく世の中も落ち着きを取り戻していた。何も知らない国民は空前のミッチーブームに酔いしれていた。現在の天皇陛下に最初に和歌の手ほどきをされた歌人の故川田順《かわだじゅん》氏の歌がある。

日の皇子《みこ》の御妃《みきさき》は誰と朗らかな
うはさもうしき畏《かしこ》けれども

入江相政氏は美智子さまをどう見ていたか

ところで、入江氏は美智子さまを、どう見ていたのだろうか。入江相政氏のエッセイ

「美智子さんとの九時間」(「週刊朝日」昭和三十四年四月十二日号)の一部「私の夢に描く皇室」を紹介しよう。

本から学んだか、先輩や親に教わったか、二十数年つとめているうちに自然に感得したか、その根元はなんだかわからないが、私は私なりに、「夢に描いた皇室」というものを持っている。それは常日ごろ、私の心の中を、いったり来たりして、ただよっている。

つまりはこういうものを、何とかして如実に描き出そうとしたはずだったのだが、枝葉末節にこだわったり、余談に対して挨拶が過ぎたりして論旨は昏迷をきわめた。

お母さまは、いつも一緒だったし、おわりごろの二、三回は東宮女官長の牧野さんや女官たちも加わった。美智子さんは、「段々学校らしくなってまいりました」と笑っていらっしゃった。都電の三番町の近くの宮内庁の分室。部屋にガスストーブがもえてはいたが、一月中旬の雨の日などは、ふるえが来るほど寒かった。大きな黒板も用意してはあったが、使ったのは二、三度だけ。

ひとつテーブルをかこんで相対した九時間は、まことに楽しかった。こんなしゃべり甲斐のある聴き手は、めったにあるものではない。いつも真剣勝負のようなお顔だった。そのくせ毎回必ずといっていいほど、なにか、おかしな話が出て来たのも不思議である。

しゃべり終わって帰るころには、もうすぐ美智子さんが出ていらっしゃるというので、沢山の人が、門のところにつめかけていた。私が出ていくと、「お前なんかを待っているんじゃあない」という気持を露骨にあらわした、冷たい眼がならんでいる。「これも先生のはしくれか」というので、お義理に写真をとってくれた人もあった。「もののあわれ」というものか。

世間の眼は、今から、もうこのように、美智子さんを射すくめている。今後ますますひどいことになろう。そんなことを思うと、出来れば毎回、笑わせつづけに笑わせてあげたかった。

私という男は、第一、いつでもくつろいでいるので、ちょっとやそっとのことでは、緊張なんかしないんだから、そのほうが性に合っているんだが、今度の九時間は、めずらしくまじめな九時間だった。

新しい年を迎える。

昭和三十四年一月十四日（水）快晴

実にいい天気である。御納采の今日を祝うがごとくである。（中略）十一時に正田さんの三人。その前に例によっていろいろ話す。両陛下に三人が拝賀の後、皇后さまお一方の所へ美智子さん一人出て御伝来の指環を頂かれる。けっこうなことだった。

ご伝来の指環について取材した。プラチナ台に七カラットの大粒のルビーで回りを細かなダイヤが取り囲んでいるデザインで、値段もつけられないような逸品である。ルビーは安産のお守りとして尊ばれ伝えられてきた。

明治天皇の昭憲皇太后、大正天皇の貞明皇后、昭和天皇の良子皇后。そして良子さまから美智子さまに結納のお祝い品として伝えられた。三十四年ののち、美智子皇后から皇太子妃雅子さまに受け継がれたゆかりのお品だ。

晴れの日のお召し物は白地に四君子――菊・竹・梅・蘭のおめでたい柄を刺繡《ししゅう》であしらった総模様の大振り袖。日本橋「満つ本」でお調えになったものと伺っている。帯は唐錦菊葉紋の丸帯、京都の川島織物の調製である。

日本一の旧家、天皇家の嫁として

美智子さまの納采《のうさい》の儀《ぎ》のお写真（昭和三十四年一月）、こう申し上げては失礼であろうか、あふれんばかりの健康美、古い世代の皇室の妃殿下がたには皆無と言ってよいほどの気力、体力、インテリジェンスあふれる面差しである。

一説によれば、正田美智子さんがお召しのお振り袖の値段は百万円。大学を出た新入社員の給料が一万二千円の時代である。

実際、私が日本テレビに入社したときの初任給は、一万一千八百円。当時、百万円の振り袖といえば現在、一千万円以上の名品ということになる。

正田家は、実力のある実業家。美智子さまは一部上場会社のオーナー社長の令嬢である。戦後、旧皇族・華族は没落し、実業家の家庭に育った高学歴の新貴族といわれる世代が浮上してきた。美智子さまの振り袖は、それを象徴するものであった。

皇太子妃教育始まる。

一月十六日（金）雨曇　寒

月曜　習字（藤岡保子《ふじおかやすこ》）、和歌（五島美代子《ごとうみよこ》）

火曜　英語（エスター・ローズ）、憲法（田中耕太郎《たなかこうたろう》）

水曜　仏語（前田陽一《まえだよういち》）、礼儀作法（松平信子）

木曜　宮内庁制度（瓜生順良《うりゅうよりよし》）、お心得（小泉信三）

金曜　宮中祭祀（甘露寺受長《かんろじおさなが》）、宮中慣習（入江相政）

土曜　宮中儀式・行事（吉川重国《きつかわしげくに》）、宮中儀礼（保科武子《ほしなたけこ》、高木多都雄《たかぎたつお》）

納采の儀も滞りなく終わり、正田美智子さんのお妃教育もスタートした。時間割りは、日本一の旧家天皇家の嫁としての必須科目がびっしりと並んでいる。

当時、私は日本テレビの新人ディレクターとして、放送の現場で働いていた。お茶くみから取材まで超多忙なスケジュールの毎日であった。料理番組を担当していた同僚が、

「みどりさんのお友だちが、ミッチーのご学友だって言ってましたよ」

と話しかけてきた。それは、美智子さんのお料理の先生、石黒勝代《いしぐろかつよ》さんがテレビ出演の折、助手として局に同行していた友人の石黒恵美子《いしぐろえみこ》さんで、聖心で六年間美智子さんと同級生であった。恵美子さんと私は早蕨《さわらび》幼稚園時代の幼友だちで、家もすぐ近所だった。私と同じ東京女学館から聖心女子大学へ進み、英文科で美智子さんと同級の横田英子《よこたひでこ》さんや、お茶やお花の稽古《けいこ》で美智子さんと一緒だった友人もいた。彼女たちは親しみを込めて「ミッチ」と呼んでいた。

「お友だちのお友だちが皇太子妃になった」——正田美智子さんにそんな親近感を持って、私はテレビの仕事に取り組んでいたのだった。

馬車パレードの馬の数に憤慨《ふんがい》した良子さま

ふたたび『入江相政日記』から。

　昭和三十四年三月十二日（木）晴

　皇后さまが今度のご慶事の馬車六頭、ご大礼の時のご自身のも四頭だった、憤慨だとかおっしゃったとの事。何事だといって憤慨する。（中略）相撲がすんでから御所に出たら美智子さんの事について非常にご期待になっていることをいろいろ仰せになる。

昭和三十四年三月十四日（土）快晴
ご婚儀の時の馬車の数は六頭でいいと仰せになった由。よかった。

四月十日のご成婚まで一ヵ月をきった入江日記の「皇后が憤慨《ふんがい》だとかおっしゃったとの事」の記述を見て、私は大正十三年（一九二四年）一月二十六日、皇族の姫君「久邇宮《くにのみや》良子女王」が皇太子妃として入内《じゅだい》されたときの馬の数を、早速チェックした。

当時、日本テレビのエグゼクティブ・プロデューサーであった私は、映像ライブラリーに行き、半世紀以上も前のフィルムを引き出して拡大し、七倍速のスローモーションにしてじっくりと観察してみた。

白黒フィルムだが保存がよかったせいだろうか、クリアな映像で、なるほど赤坂離宮（迎賓館《げいひんかん》）に入っていく馬車パレードは四頭立てであった。

私が不思議に思ったことは、なぜ皇太子の馬車パレードが六頭立てで自分のが四頭では憤慨なのだろうか。

もしも自分が貧しく披露宴も小規模であったならば、娘の結婚披露宴は華やかにやってあげたいと思うのが、普通の親の情だと思う。母の婚礼衣装のお色直しが一回だったならば、娘のお色直しは二度、三度と美しく着飾ってあげたいのが母親としての自然な感情だと思う。

おそらく皇太子妃が旧皇族でも旧華族でもない平民出身というのが、お気に召さなかったに違いない。二日後、馬車パレードの馬の数は六頭に決定。

昭和天皇が、お決めになった。

昭和三十四年三月二十日（金）快晴
三番町へ行く。九時半から一時間又おしゃべり。今日近き将来にいろいろ起こることを予想されることについて御注意になるべきことをいろいろ申上げる。いやな事も多い。退出しようとしたら美智子さんが脳貧血。昼頃までいる。併《しか》し大したこともなく間もなくお帰りになる。

近代的な教育を受けた令嬢正田美智子さんは、お妃教育が進むにつれ、日本一の旧家、天皇家に嫁ぐことの重圧に脳貧血をおこされたのかもしれない。

「皇太子が好きなら、妃は民間でもよいではないか」

と、この結婚に理解を示した昭和天皇のご意向の影響だろうか、四月十日の梨本宮伊都子妃の日記を見ると、憤激や和歌の怒りはどこへやら、ころりと変わった伊都子妃はミッチーブームの渦中にいる。

テレビを見たり拝見の場所取りに大わらわで、その豹変《ひょうへん》ぶりはいかにも女性らしい。

『梨本宮伊都子妃の日記』。

四月十日

朝六時過より、テレビで正田邸のもよう其他を次々にうつし、奉祝々。

十時から賢所《かしこどころ》大前の儀もテレビで出る。居すわってすべての式のもようも拝された。午後二時より車が来た（宮内庁の）ので、李様ともに出かけ、道の都合で大まわりをして入り、いつもの控室に行く。

皆様御馬車の御行列を御送り遊ばすので、広庭の方へ御出ましですといわれ、又そこへ行（旧宮殿あと）。宮様方・御同級生・旧奉仕者、其他多数ならんでいた。
二時三十五分ごろ御行列御出まし。丁度よい所で拝見してから、控所にてテレビをみて、仮東宮御所へ御入りの所までみる。それから陛下に御悦び言上申上て退出。午後四時三十分。

これに対し、『入江相政日記』はさめている。

四月十日（金）雨快晴
六時からテレビ、妃殿下が正田邸をお出になる頃からずっとテレビを見る。天気はますますよくなる。八時に出勤。入浴。結婚の儀は次長室のテレビで見る、なかなかお立派である。
十時過ぎから本庁前でニッポン放送の録音を頼まれる。結婚の儀のあたりテレビで拝見、妃殿下も御長袴、ご無事で結構だった。
朝見《ちようけん》の儀《ぎ》お酌《しやく》奉仕、御写真の後パレード。天気はますますよく大したものである。テレビで仮御所に無事にお着きになったのを見届けてから出発。正田さんへ行く。五時頃に帰りそれから皆で酒を飲んで祝う。

想像を絶する正田家の気苦労

正田美智子さんが育ったのは戦中・戦後の混乱から日本がようやく立ち直りかけた、まだ不安定な時代でもあった。

皇族でも華族でもない、一実業家正田家の長女美智子さんが天皇家へ嫁ぐことの重大さを思うと、正田家の気苦労は想像を絶するものであったに違いない。

ここに一通の手紙がある。正田家の家風をよく表していると思うので、紹介したい。

この度は、図らざることになりましたについては御鄭重《ごていちょう》なる御言葉並に御祝品を賜り、厚く御礼申し上げます。私共といたしましては、ただ恐縮に存じおるのみでございまして、せっかくの御懇情に対し、誠に失礼で、恐縮でございますが、この際、御祝品などは固く御辞退申し上げる心組みでございます。何卒《なにとぞ》、御了承賜りますよう御願い申し上げます。

失礼の至りでございますが、御礼かたがた御詫びまで。正田英三郎皇太子殿下と正田美智子さんのご婚約が発表になると、ご実家の正田家には全国各地からお祝いの品が届いた。しかし、お祝品について正田家ではこの手紙を添えて鄭重に送り返している。ただ千羽鶴と幼稚園児から届けられたクレヨン画だけは、例外として受けとった。

昭和五十九年（一九八四年）四月十日、両陛下の銀婚式の特別番組の取材で、私は美智子さまの弟正田修氏（現日清製粉社長）にインタビューしたことがある。

「当時、私は高校生で理解できないこともありましたが、逆に年月がたつにつれ、あのときの両親は、本当にたいへんだったろうなあという感じがいたします」

と答えられた。これは、弟さんの正直な実感だったと思う。

すべて水に流して、とはいかない

引き続き、『入江相政日記』を引用する。

昭和三十五年二月二十三日（火）快晴

四時十五分親王御誕生、御母子ともおさわりないとの事。これでよかった。本当に安心した。浩宮徳仁親王御誕生。

昭和三十六年八月十一日
最近の奥のおかしな空気、東宮さまと妃殿下（現天皇、皇后）に対すること……まったく弱ることばかり。下らなさに腹が立つが、そんな事話し合う。

昭和三十六年八月十六日（水）快晴
那須で東宮同妃から両陛下に色々のこの間からのことを十時過ぎまで率直にお申し上げになったとのこと。お上はよく分かったと仰せになったが皇后さまは終始一言もお発しにならなかったとの事。

古い世代の貴婦人のプライドは、「無視」という作戦をとられた。
美智子さまは強運である。最初のご出産で皇太子をお産みになっておられる。入江日記の「これでよかった。本当に安心した」の記述に実感がこもる。

　しかしながら、八月十六日の日記「皇后さまは終始一言もお発しにならなかったとの事」とは、何か難しい事情があるのではないかと思われる。一般家庭のように、初孫の顔を見て、すべて水に流して、というようにいかないところが難しい。

　当時、美智子さまをたびたびお見舞いになり、よきご相談相手になったのが今は亡き神《かみ》谷美恵子《やみえこ》さんであった。

　神谷さんは小泉信三氏の友人、前田多門《まえだたもん》氏の令嬢で、津田英学塾から米国のコロンビア大学に留学、精神医学を専攻。日本では東京女子医専を卒業し、津田塾大学の教授を務めたかたで、『こころの旅』という著書もある。

　このかたが、お体の具合の悪かった美智子さまを訪ね、カウンセリングされたという。神谷さんは昭和五十四年（一九七九年）に亡くなられ、現在では兵庫県西宮市の墓地に眠っている。神谷さんが美智子さまのご相談相手を務めたのは、およそ十年。内容の多くは宗教の話だったという。

　美智子さまが神谷さんに贈られた『預言者』という詩集がある。著者はユダヤ人の宗教者で、詩人のジブラン。テーマは「人間の愛」。裏表紙に「美智子」のサインがあった。

苦しい道のりを沈黙して耐える

美智子さまをとりまく厳しい状況を、アメリカのジャーナリズムは的確にとらえていた。昭和三十九年（一九六四年）春、全米一の発行部数を誇る女性雑誌「マッコールズ」に、こんな記事が掲載されている。

「これは理想の花婿と結婚して、その後幸せに暮らさなかったかわいそうな金持ちの本当の物語である。幸せでないプリンセス」

という見出しで、筆者はカイズ・ビーチ氏。アメリカ人ジャーナリストで、朝鮮戦争報道ではピュリッツァー賞を受賞している。当時、彼は「シカゴ・デイリー・ニューズ」の極東特派員として日本に滞在した。

　ミチコは戦後、ニッポンの民主化の象徴であった。彼女はニッポンの王座《ぎょくざ》の跡継ぎとなる人と、二六二〇年の日本の歴史上、初めて一般人として結婚したのである。将来の皇后の座も約束された。それから四年以上の歳月を経た現在、一子を産み、一子を失った後、ミチコは精神的にも肉体的にも疲れている。（中略）

　今まで日本の皇室の母親たちは、自分の産んだ子を乳母に任せてきた。ミチコは浩宮を母乳で育てたが、それは側近たちを震え上がらせた。彼らは、それを野蛮《やばん》で一般的ふるまいと見なしたのだ。皇族の中にはミチコのおかげで皇室の品位を下げられたと思った人もいる。皇室関係者の間ではミチコはよそ者と考えられている。

このカイズ・ビーチ記者の記事はショッキングなもので、当時の美智子さまがおかれた痛々しい状況が、リアルに描き出されていた。

皇太子と海岸を散歩するミチコの姿を見た彼女の友人は、その変わり果てた姿にショックを受けたという。しかし友人たちも皇太子が妻を心から愛情で思いやり、気づかう夫として振る舞っていることにせめてもの慰めを感じていた。

ふたたび『入江相政日記』。

昭和四十年十一月三十日（火）曇
親王御誕生。午前零時二十二分、母子ご健在、結構なことだった。

十二月二日（木）快晴

皇后さまが病院にお見舞いになったとき、妃殿下が起きてお迎えになったという事につき無理していないかというのでお怒りの由。

十二月十一日（土）曇

東宮妃殿下御退院をめぐって重田《しげた》さんがカチンとやられた由。こっちにも同じような事があったというしますます困った事である。

昭和四十二年十一月十三日（月）快晴

三時に出て東宮御所。三時半から五時四十分迄二時間以上妃殿下に拝謁。近き行幸啓の時の御料理のこと。これが時間としては大部分だったが、終りに皇后さまは一体どうお考えか、平民出身として以外に、自分に何かお気に入らないことがあるか等、おたずね。それぞれお答えして辞去。

日記の最後の部分に「平民出身として以外に、自分に何かお気に入らないことがあるか等、おたずね」とあるが、二人のお子さまの母となった美智子さまの入江侍従長に対する質問は、かなり強烈なもので、「母は強し」と思わせる。民間ご出身であるがゆえに味わってこられた苦しい道のりを、沈黙して耐えてこられたのである。

「皇后さまから学んだことは？」

敷島の道、和歌は天皇家が継承すべき大切な文化である。天皇が月次詠進歌《つきなみえいしんか》の御題《ぎょだい》を出され、妃殿下がたが御題にあわせた和歌を詠まなくてはならない。

皇后陛下《こうごうへいか》御誕辰《ごたんしん》御兼題《ごけんだい》　春空
つばらかに咲きそめし梅仰ぎつつ
優しき春の空に真むかふ

これは、昭和三十五年（一九六〇年）三月六日、良子皇后のお誕生日に「春空」と題して、嫁の美智子妃が姑の皇后におささげになったお歌である。「つばらかに」は「十分に」

の古語である。

美智子さまは、その十日前に浩宮をご出産になったばかりだった。美智子さまは、お産の直前まで枕の下にメモ用紙を置き、陣痛の合間にお歌を考え、精神集中していられた。

ご成婚一年足らずで、和歌のお勉強も力をつけられていた。

美智子さまの和歌の先生、今は亡き五島美代子《ごとうみよこ》師は、私の取材に対し、愛弟子美智子さまの精進ぶりを、こう話す。

「三ヵ月のお妃教育のお歌の修業で『一日一首百日の業』の特訓に耐えていただき歌人冥利《みようり》につきることでございます。

ご習作の中から私が百首選んでさしあげ、美智子さまご自身で清書されお嫁入りのおみやげになさいました」

百首のお歌は、原作もお入れした朱筆もすべて発表することなく美代子師があの世にもっていかれた。

皇后陛下御誕辰御兼題　珠《たま》

白珠《しらたま》はくさぐさの色秘むる中

さやにしたもつ海原《うなばら》のいろ

昭和三十八年（一九六三年）のお歌だが、デリケートな中にスケールの大きさを感じさせる美智子さまのお歌である。

昭和四十九年（一九七四年）十月二十日、美智子さまは四十歳の誕生日を迎えられた。その折の記者会見で宮内記者会から提出された質問書にあった最後の一項目だけ、文書で回答された。

その質問とは、「皇后さまから学んだことは？」という一行だった。

美智子さまの文書でのお答えは、

「たくさんの、お苦しみや、お悩みの中から今日の素晴らしい御自分をお作りになった、お力」

と記されていた。

歌集『ともしび』には、天皇家のご慶事や日常、皇室外交などをテーマに陛下の和歌百六十首、琉歌《りゅうか》（琉球風の短歌）六首とともに、美智子さまの百四十首ものお歌も収められているが、その最初と最後には、姑の皇后のことを詠まれたお歌が紹介されている。

春の灯《ひ》のゆるる御居間にこの宵を
　ひひなの如く君もいまさむ

長年、姑良子さまに気を遣われて

昭和六十年（一九八五年）に詠まれた「春灯」には、雛段《ひなだん》の内裏《だいり》さまと良子皇后を重ね合わせて、イメージされている。長年にわたって、美智子さまは姑の良子皇后には気をお遣いになっていらしたのである。

良子皇后誕生日記念のお歌を、重ねてご紹介しよう。

昭和四十八年　皇后陛下御誕辰御兼題　楽

ほのかにも揺れ流れ来る楽《がく》の音《ね》あり
歌舞《うたまい》の人らはげみてあらむ

昭和五十二年　皇后陛下御誕辰御兼題　新月

夕窓《ゆうまど》を閉ざさむひまを佇《たたず》みて
若月《みかづき》のかげにしばらくひたる

昭和六十一年　皇后陛下御誕辰御兼題　桃
この年のこのよき春の紅《あか》き桃
君みよはひを重ね給へり

「桃」は良子皇太后のお印。戦前は皇后誕生日を地久節《ちきゆうせつ》として祝ったものである。姑である良子皇后によせて、美智子さまがお詠みになった歌の数々だ。尊敬を通り越して痛ましいまでのお気遣いが感じられるように思う。

良子皇后の絵の師、前田青邨《まえだせいそん》画伯が描かれた「紅白梅」。この絵は昭和三十四年（一九五九年）のご成婚直後、東京・渋谷の東宮仮御所の応接間に掛けられていたものである。若き日の美智子さまは「この絵のように」とおっしゃって、京都の北出工芸《きたでこうげい》にお召し物を注文された。

のちに、たいへんお気に召した着物として、アメリカご旅行やお誕生日にしばしばお召しになり、私も仕事柄、三度拝見している。

親子同居の皇室新時代

美智子妃ご懐妊の折、帯親をつとめられたのが昭和天皇の弟高松宮宣仁親王、ちなみに高松宮のお印は「若梅」である。

昭和三十五年（一九六〇年）の九月の記者会見では、

「一児の母ともなるとあまり太ってはいられません。（中略）むずかしいと思うこともたくさんあるし、辛いこともあります。いつになったら慣れるのか見当もつきません」

今に残る一枚のお写真。ハンサムな夫はグレーのスーツに同系のネクタイ、若く美しい妻は「紅白梅」の手描きの訪問着。赤ちゃんの浩宮さまは黒のベルベットのロンパース。むきむきのあんよに白のソックス。黒のエナメルの靴を履いた徳《なる》ちゃんの幼い姿が愛らしい。

これは、昭和三十七年（一九六二年）十月五日に撮影されたお写真だ。親子同居を実行し、皇室新時代を告げる貴重な一枚と言える。

また昭和三十八年（一九六三年）の新年を迎えた美智子さまが、「紅白梅」の訪問着をお召しになって長和殿《ちょうわでん》バルコニーに立ち、手をお振りになっている映像も残っている。

良子皇后の還暦には欠席

昭和三十八年（一九六三年）の三月六日、良子皇后が還暦をお迎えになり、そのお祝いの会が四日後の三月十日、皇居北の間で開かれた。

『入江相政日記』より。

昭和三十八年三月十日（日）雪みぞれ

（前略）口上はなかなかうまくいった。三笠さんの王将もよかった。将棋の駒も喜んでくださった。浩宮さまのお可愛いことといったらなかった。一時間ほど遅れて六時過ぎに終る。三十分休憩の後お食事。茶巾寿司と鹿児島寿司、いろいろな肴《さかな》おいしかった。おくじなどあって大さわぎ。（後略）御還暦御祝。

この会には良子さまのお里方久邇宮家の親族も参加され、賑《にぎ》やかな演芸会になった。トップを切って良子さまの七歳下の弟青蓮院《しょうれんいん》の門跡《もんぜき》、東伏見慈洽《ひがしふしみじこう》ご夫妻が雅楽「越天楽」を披露《ひろう》した。良子さまのお側に仕える女官八人が、搔取《かいどり》姿（うちかけ風の昔の宮中の仕事着）、日の丸の扇子で日本最古の民謡を歌い、旧皇族朝香鳩彦《あさかやすひこ》さんの「黒田節」など出し物がつぎつぎと進んだ。

良子さまは、もともと謡曲がお好きで、お声はソプラノである。妹にあたる本願寺に嫁がれた大谷智子《おおたにさとこ》さんと二人で「歌の翼に」をデュエットなさった。

三十分の休憩をはさんで、お子さまがたの世界民謡巡り、いよいよ旧皇族の妃殿下勢揃いの出番である。

秩父宮妃、高松宮妃、三笠宮妃と旧皇族北白川房子《きたしらかわふさこ》さん、東久邇聡子《ひがしくにとしこ》さん、李方子妃の母梨本伊都子さん、それに三笠宮のお二人の内親王八人で合唱と踊りを披露した。踊りは「小原節」。

良子さまの母上久邇宮俔子《くにのみやちかこ》妃が島津家からお上がりになったので地元の民謡、鹿児島小原節をお祝いの出し物にした。

花柳寿南海《はなやぎとしなみ》先生の振り付けで練習を重ね、本番に備えた。女性皇族と花柳流は縁が深く、紀宮《のりのみや》清子《さやこ》内親王も花柳流の日舞を十六年も続けていられる。

良子さまのもう一人の妹の嫁ぎ先、三条西家の方々がお香の作法を披露された。三条西家はお香の家元だ。最後に、昭和天皇が良子さまに照れ臭そうに花束をプレゼントされた。良子さまは丁寧なお辞儀で嬉しそうに受け取られ、いっそう盛り上がったところで閉会になった。

この日、皇太子妃美智子さまは姑である良子さまの還暦の宴には出席されてはいない。月初めの三月四日、ご懐妊と発表されたが体調を崩し、お祝いの会に出席できなかった。

『入江相政日記』より。

三月二十二日（金）曇　稍寒

（前略）東宮妃は三時半ごろ宮内庁病院に入院。すぐオペラチオンとの事。

新宮殿の内庭には白梅と紅梅が植えられているが、奈良時代の故事にならったものだ。

百敷の大宮人はいとまあれや
梅をかざしてここに集へる（万葉集）

寒さに耐え、気品ある香りで春を呼ぶ梅は季節の代表的な花として、万葉集には桜よりも多く収められている。

良子皇后もお元気だったころはスケッチブックを手に梅林をお散歩され、梅の香りを愛《め》でながら時のたつのも忘れて、「紅白梅」をスケッチされていた。

私は、かつて日本テレビのゴールデンアワー木曜スペシャルで「皇后さま喜寿おめでとう　昭和の風雪」をプロデュースの折、故山本侍従から芸術家良子皇后のプロフィールを取材したことがある。

「落款《らっかん》を逆さに押す」という失敗を

良子皇后の絵は日本画。趣味を芸術の域にまで高めたと前田《まえだ》青邨《せいそん》師からも高い評価を受けていた。

昭和四十一年（一九六六年）秋、良子皇后はその実力を証明するように大作「紅白梅図二曲屛風絵」に取り組まれた。

このとき、「落款《らっかん》を逆さに押す」という失敗をしてしまったことが、入江日記に記されている。雅号《がごう》である「桃苑《とうえん》」の文字が反対になってしまった。

この始末が意外にたいへんだったらしい。入江侍従が立ち会って、青邨師が印の部分を切り抜いて再び張り合わせ加筆、応急手当てをした事実がある。

この年、良子皇后は六十三歳。

『入江相政日記』より。

昭和四十一年十一月十六日（水）曇　寒
（前略）紅白梅のご屛風の右の半双の御印が逆さになっていた。

昭和四十一年十月十八日（金）薄曇　寒
（前略）待っているけれど青邨さんはなかなか現れない。十一時過ぎに来られる。奥一の間でお会いになる。御印の所を切り抜いて前田さんが可然、補筆することになる。まあこれですんだ。

『入江相政日記』より。

昭和五十二年七月十七日（日）雨
（前略）出勤したら富家君に侍医室へよび入れられる。大変との事。皇后さま今朝お腰の故障との事。大変なさわぎだが、要するにぎっくり腰だろうと思う。（中略）皇后さまお上と御一緒ではお小水がお出来にならないということで余の案でお食堂にお移りねがうことにする。

『天皇さまお脈拝見』を著した当時の侍医杉村昌雄《すぎむらまさお》氏によると、
「朝七時四十分ごろ、御東所（トイレ）にお立ちになった皇后さまはそこで尻餅をおつきになり、同時に腰部に激痛をお覚えになられた……」
とある。レントゲン検査の結果、第一腰椎の圧迫骨折（キンメルス病）が認められたという。昭和五十二年（一九七七年）八月十日付朝日新聞には、「七月十七日に皇后良子さまは、ぎっくり腰になられ、ほとんど寝たきりの生活」とあり、九月九日、病名は老人性腰椎変形症と発表された。

その年の十二月三十一日の入江氏の年末所感に、

「皇后さまのぎっくり腰、お気の毒さまではあるがハーフ・リタイヤメントがこの為非常に具合良く行われることになった」

とある。この年、良子皇后は七十四歳。

良子さまの歩き方に異変が

私が昭和天皇とおそろいの良子皇后のお姿を最後に拝見したのは、昭和六十年（一九八五年）秋、福島県猪苗代《いなわしろ》湖畔へフルムーンの旅行をされたときだった。

昭和五十九年（一九八四年）一月二十六日、結婚六十年のダイヤモンド婚をお済ませになった昭和天皇と良子さまは、新婚旅行の思い出の地へおそろいでお出掛けになった。

高松宮家の別邸、天鏡閣《てんきょうかく》には五十年前に若き日のお二人が乗られた馬車が大切に保存されており、懐かしい対面をされたのだった。

お二人のご様子は博多人形の「翁《おきな》と媼《おうな》」のイメージであった。

私の個人的な見方であるとお断りしておく。このときの良子さまの歩き方は、歩幅が狭く、尺とり虫のような歩き方だった。

歩行困難…？「ベージュのロングコートをお召しの良子さまは、ギプスをつけておられるのかな」と思われるような体の動きをしていられた。

ゆっくりとぎごちなく、歩幅が狭い歩き方が私の記憶に残っている。

この年、良子皇后は八十二歳。

すべては恩讐《おんしゅう》のかなたへ

日本の歴史はじまって以来、初めて民間から皇室に嫁がれた美智子さまに対して、長年にわたって「さまざまないじめがあったのではないか」という噂《うわさ》や憶測が根強く流れていた。そして、それが事実であったということを証明したのが、昭和史の第一級史料ともいうべき、この『入江相政日記』だ。

皇太子妃は、旧皇族か華族から選ばれると信じられていた時代であった。しかし、伝統は時代の流れの中でくつがえされていったのである。

昭和五十五年（一九八〇年）十月、四十六歳のお誕生日に、美智子さまが文書で発表されたお言葉である。

「人は誰でも他人が理解したり、手助けしたりできない部分を持っているので、それを忘れずにそうした部分に立ち入らないこと、ただしそうした姿をお互いに認めあいながら、懐かしみあい、励ましあっていくことができればと思います」

昭和五十九年（一九八四年）、両陛下の銀婚式特別番組で、私は高松宮両殿下の取材を担当。その折、今は亡き高松宮は、

「お子さまがたも立派にお育てになり、お祝いに皇族がた（親類一同）で銀器を贈る」

とおっしゃった。傍らの喜久子妃は、美智子さまのことを、

「あまり気をお遣いになるからお痩《や》せになるのよ。おしおらしい」

とおっしゃった。

昭和から平成へと時が流れた。平成十一年（一九九九年）十一月十二日、今上陛下は在位十年をお迎えになった。

思えば十年前の即位礼の翌日、赤坂御苑で行なわれた園遊会に、美智子さまは渋い金茶に白梅がひときわ目立つ訪問着をお召しだった。

平成六年（一九九四年）一月、ブッシュ米国元大統領夫人バーバラさんの歓迎行事にも紫地に白梅のお召し物だった。

皇居には江戸時代から歴代の将軍が愛でたという梅林があり、今でも梅林坂という名前が残っている。

婚約のととのひし子が晴れやかに
梅林にそふ坂登り来る

平成五年（一九九三年）、皇后美智子さまは皇太子殿下の婚約で「梅」にことよせた御歌を詠んでいらっしゃる。

平成五年一月十九日、赤坂御所での皇太子妃決定記者会見は待望の「ツー・ショット」だった。十七分の会見は終わり、つい今しがたまで皇太子と小和田《おわだ》雅子《まさこ》さんが座られた椅子の後ろには、「梅」の絵が掲げられていた。

紅白の梅の絵は文化勲章を受章した西山翠嶂《にしやますいしょう》氏の作品だ。婚約発表という晴れの日にふさわしい一幅の名画といえる。そこには、皇后美智子さまの母としての思いと、姑の良子皇太后への気遣いを思わせるものがあった。

すべては恩讐《おんしゅう》のかなたへ、流れ去ったのである。

今では毎週末には吹上大宮御所におられる皇太后さまを、天皇皇后両陛下は、お見舞いにお出かけになる。

このほかに週一度水曜日、美智子さまはお一人で良子皇太后のお見舞いに行かれる。

私は二世代の皇室のご成婚に関わったジャーナリストとして、美智子さまの「梅」によせる思いをこう理解したが、いかがなものであろうか。

　平成三年　陛下御製　春
中庭の白紅《しろくれない》の梅咲きて
ゐやわざの日は春の気満つる

良子さまと美智子さまのご結婚に関する全比較

	良子さま	美智子さま
ご成婚	大正十三年一月二十六日	昭和三十四年四月十日
結婚衣装	十二単（五衣・唐衣・裳） ローブ・デコルテ	十二単（五衣・唐衣・裳。袴のみ新調） ローブ・デコルテ（クリスチャン・ディオール）
天気	晴れ	快晴
結婚時年齢	二十歳　身長五尺二寸（百五十六センチ）	二十四歳　身長百六十二・五センチ
デート	なし。 内定後の大正七年十一月四日に対面	初めての出会いは昭和三十三年八月十八日、軽井沢会テニスコートで。やがて「テニスコートの恋」に発展。
婚約期間	六年（宮中某重大事件）	四ヵ月半
公表	大正七年一月十四日	昭和三十三年十一月二十七日
納采の儀	大正十一年九月二十八日	昭和三十四年一月十四日
出自	旧皇族・久邇宮良子女王	平民・正田美智子
愛称・お印	良（なが）さま・桃	ミッチー・白樺
実家・家族	父久邇宮邦彦王は皇族で、陸軍大将。 兄二人、弟一人、妹二人	父正田英三郎氏は日清製粉社長。 兄一人、弟一人、妹一人
出身校	学習院女子部	聖心女子大

自宅	東京都渋谷区広尾（現在の聖心女子大で「クニハウス」として利用）	東京・五反田池田山にある建坪九十坪の英国風豪邸
推薦者・仲介者等	貞明皇后、杉浦重剛（皇后学講師）	小泉信三（慶応義塾大学塾長）
特技・趣味	体操、テニス、なぎなた、日本画（雅号・桃苑）声楽、フランス語、タイプライター、バラづくり、養蚕	文学、英語・フランス語会話、手芸、テニス、スキー、絵画、作詞、ハープ、ピアノ、声楽
結婚費用	五百万円	千九百六十六万円
パレード	還行啓としてお召し自動車で赤坂離宮まで。沿道には約五十万人。馬車は四頭立て	皇居→青山→東宮仮御所までの八・八キロを六頭立てのオープン馬車で。前後四十八騎が随走。沿道に約七十六万人
新居	ベルサイユ宮殿を模してつくられた赤坂離宮（今の迎賓館）	東宮仮御所（東京都渋谷区東四丁目・現常陸宮御殿）
お嫁入り道具	箪笥十二棹、長持ち十棹、鏡台、お針箱などの調度品、振り袖、琴、ピアノ、人形、お雛さまなど	大型トラック三台分（ピアノ二台をはじめ、箪笥など三千万円相当で、今の三、四億円）
夫婦間の呼び方	「お上（かみ）」「良宮（ながみや）」	「殿下」→「陛下」　「ミチ」→「美智子」
お子さま（敬称略）	第一子は結婚約二年後に誕生。成子、祐子、和子、厚子、明仁、正仁、貴子の二男五女	第一子は結婚約十ヵ月後に誕生。徳仁、文仁、清子の二男一女
決意の和歌	いかばかり身はひくくとも真心を保たん人ぞたふとかるべき	たまきはるいのちの旅に吾を待たす君にまみえむあすの喜び

第二章　華やかな装いに秘められた生き方

戦前はすべて洋装の時代

明治以来の日本の皇室の習慣で、良子皇后は戦前はすべて洋装であった。戦争が激しくなった昭和十九年（一九四四年）、宮中服をお召しになり、戦後はしばらく、この宮中服で過ごされてきた。

物資不足の折、反物一反で上下ができ、半襟をつければ公式の席にも出られる。袴《はかま》の裾《すそ》を絞ればもんぺにもなる、という合理的かつ経済的な独特の実用本位のお召し物だった。「週刊朝日」昭和二十八年（一九五三年）一月四日号の「顔」に、こんな記事がある。

皇后さまの人間性を最後まで束縛していたのは宮中服だった。あれが制定されたのは終戦前年の昭和十九年だったが、これを公然と脱ぎ捨てられたのは二十六年の春だった。

よくもあんな珍妙な服を終戦後六年間も我慢して着ておられたものだ。宮中の古いしきたりというのは、そのようにがんじがらめの融通のきかぬものなのだが、普通の女性のおしゃれ感覚があるなら、あんな服をいつまでも身にまとっていられるものではない。よほど忍耐強いお人柄なのか、オシャレッ気が乏しいのだろう。自分の意思や感情や好き嫌いを押し殺して木偶《でく》のようになって着ることが、皇室人の修行なのであり、それが第二の天性になっていたのだろう……。

昭和天皇は、

「一般は平服になったのに、良宮だけが戦時服ではいけない」

とおっしゃって、改めるよう勧められた。

良子皇后が和服をお召しになったのは昭和二十七年（一九五二年）の天皇誕生日からで、それ以前、姑である貞明皇太后の存命中は一度も和服をお召しになることはなかった。初めての和服は藤ねずみ色に地紋は縦枠、菊の三紋付き。

「平和の鳩」の着物を着て

日本の独立後、初の正月一般参賀のときには、良子皇后は実は最初洋装をと考えられたが、昭和天皇が、

「和服になさい。そのほうが国民が喜びますよ、皆と同じ服だから」

と勧められた。良子皇后は錆朱《さびしゅ》がかった金茶に鳩の模様の和服で、昭和天皇とともにバルコニーから一般参賀の人波にお手を振られた。

参賀の人々は皇后の和服姿を見て、ようやく訪れた平和を実感し、歓呼の声をあげた。

この平和の鳩の訪問着には、こんな取材エピソードがある。

当時、皇后さまのデザイナーと言われた故田中千代《たなかちよ》さんは、

「訪問着の絵柄のご相談にのりましたが、『平和の鳩がよろしいわね』という皇后さまのアイディアで鳩の下絵を描いて持って参りました。

数日後にお伺いしましたら、『お上にお見せしたら羽の付き方が違っている、とおっしゃるの。だから直して』と皇后さまの仰せで、もう一度動物図鑑を見て羽のところを描き直してお持ちいたしました。

ご主人さまが奥さまの和服の模様をよくご覧になるなんて、本当に仲睦まじいこと、と微笑《ほほえ》ましく感激いたしました」

と話された。

当時、良子皇后は四枚和服をお持ちだった。この平和の鳩の和服は順宮《よりのみや》の結婚式にもお召しになった。

皇太子殿下の立太子礼のときには藍色綸子《あいいろりんず》の地に肩に金糸で富士山、裾には入り船、宝づくしの紋様。もう一枚は、薄いグレーの地に墨絵の感覚で、あやめと水の流れをデザインした。これは戦後の園遊会にお召しになったものであった。

地色に黒系統を使わないのも皇室の古くからのしきたりで、デザイナーは配色に一苦労したという。

良子皇后の好きな色はブルー、ベージュ、ほかに紺系統やグレーの落ち着いた色調もお好みになる。娘時代から日本画に親しまれた良子皇后は、のちには自分で和服の模様もデザインされ、お召しになるようになった。昭和天皇は、

「良宮は和服がよく似合うよ」

と良子皇后の和服姿をことのほかお気に召し、満足していらした様子であった。

「なるべく自然のままで……」

大正十三年（一九二四年）一月二十六日のご成婚以来、良子さまの黒髪はおよそ六十センチの長さに保たれてきた。皇室では多くの儀式があり、そのたびごとにお雛《ひな》さまのような、おすべらかしを結わなくてはならない。パーマなどもってのほかであった。

良子皇后が初めて美容師に髪をまとめてもらうようになったのは、昭和二十七年（一九五二年）十月、順宮の結婚のときからだった。美容と着付けの担当はマリールイズ美容学院の千葉益子さんであった。初めはコテでヘアスタイルをつくったが、六十センチもある髪は専門家でも、なかなか思うようにはならない。ことに髪を洗った後など風邪をひかれる心配もあり、初めて髪にはさみを入れた。

それは昭和二十九年（一九五四年）八月、昭和天皇のお供をして、三週間にわたる北海道旅行のときだった。初の長旅で旅行先で美容院というわけにもいかないので、「おすべらかしに差し支えない程度」に、ようやく肩のあたりまで短く切られた。

以来、ドライヤーを一台、吹上御所に備え付け、パーマをかけられるようになった。パーマは年に二度、セットは月一度。手先が器用でおられるので、日常は自分でなさり、外出や公式行事の折に千葉さんが伺うことになった。

メイクは、若いときから薄化粧だった。肌が白く、お年よりも数倍若い、と美容師たちが感心するのは規則正しい生活のせいだろうか。

化粧品はすべて国産品。新しい化粧品を使う場合は、もし肌に合わなくて皮膚を荒らすようなことがあってはいけない、と担当の美容師は人知れず心配するという。

良子皇后はメイクについて、「なるべく自然のままで……」と長年言われてきた。自然の気品を大切になさるのが化粧の秘訣なのである。

また一度使ったピンや紐《ひも》なども無駄にされないで、セットの途中など急に必要なものがあると良子皇后は、

「確か三番目の引き出しに紙にくるんでしまってあったはずよ」

などとさりげなく指示される。髪形や口紅、着付け。いったん美容師の手にかかりながら、大方の女性はとかくその後を自分流にもう一度直さないと気がすまない。

しかし良子皇后は、それを一度もなさったことがない。自分のためよかれと思って、いろいろ考えてくれる人々を信頼しなくてはという気持ちを持っておられる。

皇后という立場から、かつては外出先での化粧直しのコンパクトは一切お持ちにならなかったという。のぞき込むというわけにはいかないからであろう。

しかし、これもある時期から変わった。

微笑《ほほえ》みながら化粧直しを

こんな取材エピソードがある。昭和五十年（一九七五年）、英国のエリザベス女王が国賓

として来日された。そのとき皇居豊明殿《ほうめいでん》での晩餐会《ばんさんかい》の折、控えの間にエリザベス女王、良子皇后、女性皇族一同が、お入りになられた。

何とも言えない沈黙と緊張のひとときを破るかのように、エリザベス女王が微笑みながらオペラバッグをあけ、小さなコンパクトを出されてパタパタと化粧直しをされた。

それを見た良子皇后をはじめ美智子妃、他の妃殿下がた、日本の女性皇族の一同が一斉にコンパクトを取り出し、微笑《ほほえ》みながら化粧直しをされ、リラックスされた。何とも言えないエレガントな雰囲気が漂った。

昭和二十九年（一九五四年）九月二十九日、昭和天皇と良子皇后は東京・日本橋の三越デパートに、おそろいでお出掛けになった。これは初めてのことであった。花嫁衣装の前を昭和天皇はさっさと通り過ぎてしまわれたが、良子皇后は立ち止まってゆっくりとご覧になった。内親王がたのことを思われてのことだろう。次は眼鏡売り場に行かれた。

昭和天皇は「ずいぶん、いろいろあるね」と言われ、お二人はそろって眼鏡売り場のウインドーをのぞき込まれた。

一ヵ月後、昭和天皇と良子皇后はルーブル美術展にお出掛けになった。この日、良子皇后は初めて眼鏡をかけての外出だった。銀の細い縁がよくお似合いで、絵画に関心のある皇后さまは、十分鑑賞なさりたかったのであろう。

銀縁の眼鏡は軽い老眼鏡で、かつて昭和天皇が三越デパートで眼鏡のウインドーをのぞき込まれた理由が、一ヵ月後のルーブル美術展でようやくわかった。それは、愛妻のためのショッピングでもあった。

気品、優雅、格調、典雅の四つの原則

良子さまのエンプレス・スマイルは、そのお人柄とともに人々に愛され続けている。良子さまはスケッチから着色までご自分でされた月下美人《げつかびじん》の花を和服に仕立て、お召しになるなど、エレガントなおしゃれ心の持ち主で、日本女性の憧《あこが》れの的《まと》でもある。

母の世代とでも言おうか、ある年齢以上の女性のファッションはなかなか難しい。しかし良子さまは本当にベストドレッサーでいらっしゃる。

宮中儀式の正装から、おくつろぎのときに至るまで美しく、さりげなく気品ある着こなしを見せてこられた。そして優雅なマナーと微笑み。良子皇太后には「貴婦人」という言葉が真にふさわしい。

皇室の公式行事の正装として洋装が取り入れられたのは、明治五年(一八七二年)であ

る。皇后をはじめ妃殿下がたはローブ・デコルテをお召しになる。ティアラは勲章とともに貴婦人の第一礼装を飾る大切な宝飾品。正装の良子皇太后はローブ・デコルテに勲一等宝冠章《くんいっとうほうかんしょう》をつけられる。ティアラの中心に輝くダイヤモンドは世界で十三番めの大きさといわれている。

昭和五十年（一九七五年）五月、英国のエリザベス女王が来日。歓迎晩餐会の席での、良子皇后のロイヤルファッションは、エリザベス女王と引き立てあって、シンプルなティアラがひときわ洗練された美しさを醸《かも》しだしていた。

徳川十五代将軍慶喜《よしのぶ》の孫に当たる高松宮喜久子《たかまつのみやきくこ》さまのダイヤモンドのティアラは、ご実家徳川家の葵《あおい》の紋をかたどったもので、祖母に当たる有栖川宮慰子《ありすがわのみややすこ》さまからいただいたものである。

昭和世代の妃殿下がたは全員、良子さまのロイヤルファッションをお手本になさった。皇族がたのファッションは、デザイナーによってつくられる。デザイナーの中嶋弘子《なかじまひろこ》さんは、妃殿下がたのドレスを多く手掛けておられる。

中嶋さんは、こう話す。

「陛下とご一緒に皇后さまがヨーロッパへご旅行あそばしましたでしょ、あのご旅行の一式がとても印象に残っておりますのよ。

　ことに、あちらの晩餐会でお召しになったローブ・デコルテ。ちょっとアイボリー色のね、厚手のサテンに、オリエントの刺繍《ししゅう》をずっとこう、下までしてあった、あれがシンプルでね、とても日本的な美しさがあって素晴らしかったと思っております」

　ヨーロッパご旅行の折に特別におつくりになった、オリエントの植物が刺繍されたローブ・デコルテはピエール・バルマンのデザイン。

「皇室のファッションは、気品と、優雅と格調、そして典雅という四つの原則みたいなものを忠実に守ってね、そして、流行を超越したといいましょうか、いつの時代に見ても美しいというファッションなんですね。

　ただ、ああいうファッションを私どもが着ようと思いますと、非常にシンプルな洋服でございますから、難しいんです。

　ところが、皇后さまのように大変お人柄ができて、もう内容のいっぱいある女性がお召しになれば、とても格調があって立派なものなんですね。

　人格が洋服を着てしまうという、たいへんよい見本だと、私は思っております」

　良子皇太后のおしゃれについて、京都に住む華道池坊四十五代目家元夫人池坊保子《いけのぼうやすこ》さんは、次のように話す。

保子さんの母梅渓夏子《うめたにいなつこ》さんは、良子皇太后のいとこに当たり、保子さんも子どものころから、「いとこの会」や女子学習院の同窓会「常磐会《ときわかい》」で良子皇太后とよく会っておられた。

「見えないところのおしゃれ心というのがすごくおありになるかたで、巧みに流行を取り入れておられる。

たとえば、ブルーが流行《はや》っていたりしますと、私どもはブルーの洋服を着ようかなとすぐ思ってしまいますでしょ。そうじゃなくって、お洋服の一部分とか靴の一部に流行のブルーを取り入れる。

巧みにアレンジしていらっしゃるとお見受けいたします。

いつもお帽子をおかぶりになっていらっしゃるんですね。どちらかというと、つば広じゃなくてね、おちいさめので、いつも形がお違いになるんですよね。洋服とよく合わせて着ていらっしゃいますね」

良子さまは、皇太子妃として赤坂離宮にお住まいになっていらしたころからよく帽子をおかぶりであった。

戦前から皇室のかたがたの帽子を長年にわたって作っている東京・麴町《こうじまち》「ベルモード」の先代、故筒井《つつい》光康《みつやす》氏はこう話した。

「あれは『キャップリング』と申しまして、大きな白いダチョウの羽をつけまして、チュールで材料ができています。軽くて、しなやかな帽子なんです。

その当時は今とは違いまして、『消毒』ということが非常にやかましい時代でした。何を持って行きましても消毒しなくちゃならない。

洋服ならば何でもないんですけれど、婦人の帽子の消毒はなかなか難しい。蒸気を当ててしまいますから、形がくずれてしまう。消毒して形をくずさずに搬入するのは至難《しなん》の業《わざ》でございました。

お色は、一番お好きなのはベージュ。とてもお好き。

それからグリーン。グリーンでも萌黄《もえぎ》の、ごく落ち着いたグリーン。お出掛けになる場所も考えながら、色をご用命いただくことは、なかなかできないことです。

色に対する感覚がよろしくて、ご指導していただいております」

明治天皇以来、皇室お出入りの靴屋に「大塚製靴」がある。社長は大塚斌《おおつかあきら》さん。大塚さんは昭和二十九年（一九五四年）二月十日に、良子皇后の足型サイズを取っている。

「靴の場合でも仮縫いということをいたします。靴型とか、つくりかけのものまでお持ちして、ご説明申し上げながら、お御足《みあし》に合わせていただくわけでございます。お心のおやさしい、思いやりの深いかたでいらっしゃいますので、私どもがかたくなって上がってしまわないようにお心遣いくださいます。まず、お御足の外郭線《がいかくせん》をエンピツで描かせていただきます。それから、土ふまずのところのくれかたを線で表します」

良子さまのデザイナー、田中千代《たなかちよ》さん

昭和二十六年（一九五一年）ごろから良子皇后の御用掛《ごようがかり》として皇居によく伺っていたのが、デザイナーの故田中千代《たなかちよ》さん。「平和の鳩」の和服で有名になり、「皇后さまのデザイナー」と呼ばれたかたである。

テレビ取材で、さまざまなエピソードを聞かせていただいた。田中さんが皇居に伺って間もないころ、たまたま仮縫いの折、良子皇后のスリップをちらりと見てしまった。そして思わず胸をつかれた。そのスリップは、古い昔のクレープデシンの、幾度も洗って黄ばんでしまったスリップであった。

当時、世はあげてナイロン時代であったが、皇后さまはまだナイロンをご存じなかったのであった。

田中さんは、早速アメリカ製のナイロンの下着をアメ横で買いそろえて皇后さまにプレゼントされた。レースをあしらった美しい下着を見た瞬間、皇后さまは目を輝かせて、

「まあ素敵」と声をあげてお喜びになった。

「すでに何十回となく伺っておりますのに、皇后さまの不機嫌なお顔を拝見したことは、ただの一度もございません。優しい上に、お心の修行も積まれた結果でしょうか」

と当時を振り返り、田中さんは話す。色はブルー系統がお好みの様子で、服地の色見本を持って行くと、必ずといっていいほどブルーを選ばれる。

ほかには紺とかグレーがお好きで、ラインは直線的なものより柔らかみのあるものがお好きだという。

吹上御所《ふきあげごしょ》の仮縫い室は洋間。等身大の三面鏡を前にした田中さんが、あるとき、仮縫いの最中、肩や背中にピンを打ちながら、いつの間にか皇后さまのお腹を撫《な》でてしまった。

「しまった」

とわれに返った瞬間、にっこり笑った良子皇后は、

た。

「私は太っているからやりにくいでしょ」

そう言われながら、ご自分のお腹をぴたっと叩《たた》かれた。こんなこともあった。仮縫いが午後から夕方になり、すでに夕食時間になってしまった。そのとき昭和天皇は、皇后が仮縫いを終えてお席につかれるのをじっとお待ちであった。

女官たちの話を聞いて、田中さんが仕事に夢中で気づかなかったことをお詫《わ》びすると、

「いいのよ、いいのよ」

と言われながら、早々に切り上げ、大急ぎで昭和天皇のお待ちになる食堂へとんでいらした。

田中さんは皇后さまからどれだけ多くのことを教えられたかわからない、と話す。上に立つものが常に忘れてはならない心づかい。

たとえば「次の仮縫いはいつにいたしましょうか」とお尋ねすると、「そちらは、いつがよろしいの」とお聞きになる。軽々しく主張はなさらない。相手の都合にご自分を合わせようとされるサービス精神をお持ちでいらした。

田中千代さんが吹上御所を訪ねるとき、ちょっと待ち時間があったりすると、皇后さま

は廊下のほうから部屋に聞こえるほど明るい大きな声を出しながら近づいて来られる。

「ごめんあそばせ、お待たせして」

幾分緊張ぎみの田中さんには、これが大変な救いになったという。突然現れたら相手が慌《あわ》てるだろう、良子皇后はそんな配慮もされる。あるとき、良子皇后が聞かれた。

「今日のこれからの予定は」

「ファッションショーの打ち合わせのため、モデルたちと会います」

と田中さんがお答えすると、

「これをモデルさんたちにどうぞ」

と、わざわざケーキのお土産《みやげ》を用意された。皇后さまからの陣中見舞いに、モデルたちも恐縮しつつ、太ることも忘れてわれ勝ちにとケーキを食べたという。

昭和天皇とのダイヤモンド婚をお済ませになり、歴代皇后最長寿となられた良子皇太后。昭和天皇と六十年以上も仲睦《なかむつ》まじくいらして、博多人形の翁《おきな》と媼《おうな》のようなイメージは、永く国民の心に残っている。

美智子さまのデザイナー、植田《うえだ》いつ子さん

世界でただひとりのかた、美智子さまの装いを生み出す現場から、その苦労と工夫とを伺ってみることにしよう。

いつの時代も女性にとって注目の的である美智子さまの装いは、皇后さまご自身のアイディアを軸に歴代のデザイナーが担当してきた。二十代は主として芦田淳《あしだじゅん》さん、三十代は中村乃武夫《なかむらのぶお》さん、そして四十代以降は植田《うえだ》いつ子さんが主に美智子さまのデザイナーとしてドレスやスーツの製作を担当してきた。

まずは、植田いつ子さん。紹介するまでもなく、二十年間にわたり、美智子さまの装いをもっとも多く手がけているデザイナーである。

平成九年（一九九七年）四月二日、私はデザイナーの植田いつ子さんを東京都千代田区平河町のアトリエにお訪ねして、取材をした。

マンション五階のエレベーターを降りると右側に等身大の鏡があり、思わず姿勢を正す。

植田さんの装いは、濃いブルーグリーンのハイネックのワンピース、黒のストッキングにハイヒール、シルバーの半月のネックレス。洗練された物腰で、私を招き入れた。

「ここのアトリエは、イブニングの仮縫いもするので広いスペースをとっています。どうぞ、お靴のままで」

美智子さまのお洋服を担当するようになったころのことを、植田さんは懐かしく思い出す。

「はじめて御所にお伺いして、美智子さまにお目にかかりましたのは、もう二十年も前でございます。

当時、妃殿下でおいでになり、ご下命をいただいたものの、とてもそのような大役はできそうもないと辞退申し上げました。

『デコルテのできるかた』ということで私を推薦してくださったかたは、文化出版局の今《いま》井田《いだ》勲《いさお》さんと、マリヨンの越水先生なのです」

越水さんとは、のちに詳述するが、ご婚約が内定した美智子さまの御用を正田富美子夫人から依頼された銀座マリヨンのデザイナー、故越水金治《こしみずきんじ》氏のことである。

「お会いしてみますと、私はすっかり皇后さまの人となりにうたれてしまい、何か子どものように素直な気持ちで、ただ喜びのみを感じ、私はこのかたの前では何もつくろうことはない、ただ力を尽くしてお役に立っていこうと思ったのです。

自分の服づくりの信念、考え方をお伝えし、皇后さまもまた、お考えをごく自然に飾ることなくお話しくださいました」

植田さんが皇后さまの服づくりでいつも心がけていることが四つある。

一に、お立場、お役目ともに世界でただひとりの方であられることにもっともふさわしい装いであること。

二に、生まれながらにそなえられた気品と優雅さ、お人柄そのままに添うように服をつくること。

三に、服の専門的なことはあくまでも責任をもち、安心して日常や忙しいご公務にあたられるよう念じること。

四に、心を込めて仕立てあげること。

植田さんが、美智子さまの歴代デザイナーのなかで、もっとも長い期間つかえている理由は、この四つの心構えにある。

美智子さま独特のファッションに

植田さんが手がけた美智子さま独特のファッションに、日本の伝統文化「着物」の美をとりいれたものがある。

たとえば、平成九年（一九九七年）の元日午後二時、皇居正殿松の間で行なわれた新年祝賀の儀に、美智子皇后は大王松《だいおうしょう》のローブ・デコルテをお召しであった。

正殿松の間には、大王松のタピストリーがあり、おめでたい新年と大王松のローブ・デコルテはみごとにコーディネートされていた。松の緑は、風雪に耐えて色を変えないため、めでたさを象徴する。

大王松は、もともと京都の川島織物に古くから伝わる、西陣の帯柄なのである。それを植田さんがはじめてローブ・デコルテにとりいれた。シルク・オーガンジーのケープにも金泥《こんでい》で細かく大王松が描かれている。

平成二年（一九九〇年）に植田さんが手がけた大王松のローブ・デコルテは大切に手入れされ、もう七年もお召しになっていらっしゃる。

元日の新年祝賀の儀は、各国外交団の表敬を受ける日で、およそ百三十ヵ国の大使が、民族衣装を身につけた夫人同伴で、両陛下に新年の挨拶《あいさつ》をされる。

天皇皇后は正装のまま約二時間立ちつづけで表敬を受けるという、伝統に基づいた重労働を強いられる。

美智子さまは、日本の美意識が生んだ伝統的な着物の技術を深く理解され、大切にしていらっしゃる。

日本の文化をとりいれた服づくりを以前から心がけている植田さんは、美智子さまのお気持ちを十分理解して、ドレスを完成させる。

「皇后さまご還暦」のテレビ番組のなかで植田さんは、こうコメントしている。

「とくに意識して日本調にすることはいたしませんけれども、デザインのテーマとして『末広がり』、『扇』、『のし』といった、日本的な独特の形をとりいれることはございますね。

友禅だとか西陣だとか、着物の技術を融合させるようなご理解があってこそ、素晴らしいお着こなしができるんだと思います」

これまで植田さんがデザイナーとして研究し、美智子さまが海外へお出かけの折や国賓をお迎えになられるときの装いにとりいれてきた日本の伝統工芸を、もっと紹介しよう。

佐賀錦のローブ・デコルテ

まず、外国からのお客さまが熱いまなざしを送るぼかし染め。着物の絵羽織の感覚でデザインをして、染める。

ドレスの形を最初にデザインし、ぼかしの位置をきめ、その後染めたり刺繡したりする。ぼかし染めは、よく、ローブ・モンタントとして、新年の講書始《こうしょはじめ》や歌会始《うたかいはじめ》に登場する。

振袖や留袖の絵羽織《えばおり》の感覚技術は、日本の優れた美意識が生み出したものである。鬼絞《おにしぼ》縮緬地《ちりめんじ》は、スーツやケープ、正式の長いドレスなどとして、数多くの公式の席でお召しになっておられる。

色は、茜色《あかねいろ》、白うこん色、オフホワイトなどである。

縹色《はなだいろ》から白など日本の色と技術によるドレスは、宮さまがたの成年式、歌会始、英国皇太子のご結婚の折など、国の内外でよくお召しになっていらっしゃる。

また、佐賀錦や疋田鹿《ひったか》の子《こ》絞りの布地を一部使ったものや、技術の粋をとりいれた織地を使ってつくったローブ・デコルテなど、日本調の素材で洋装にとけこむような服づくりも心がけられている。

美智子さまはどれもみごとに着こなされ、控えめながらも格調高い着こなしは、まさに日本にただおひとりの存在、皇后にふさわしい。

また、佐賀錦をロープ・デコルテのモチーフとして最初にとりいれたのも、植田いつ子さんである。立体感を出すため、植田さんならではの工夫をこらす。縫いと刺繍をいっしょにした〝つまみ〟というテクニックが用いられている。

ご記憶のかたも多いと思う。宮中晩餐会や海外の親善の場で、皇后さまがよくお召しの佐賀錦のローブ・デコルテ。「菊」や「蘭」、そして「プリマベラ（春の花々）」は、すべて植田いつ子さんがデザインされている。

「佐賀錦のデコルテは、何枚おつくりですか？」

と私がたずねると、

「ジャーナリストのかたは、すぐ数を聞かれるので困りますね」

とたしなめながらも、やさしく、

「そうですね、この二十年で十枚くらいでしたかしら」

と答えてくださった。

互いに相手を引き立て、ともに映える装い

話題になった美智子さまのみごとな着こなしのなかから一つ例をあげてみよう。

昭和六十三年（一九八八年）、米国ご訪問の折、ホワイトハウスでレーガン大統領主催のパーティーに、美智子さまがご出席になられたときの片身替わりのイブニングドレスである。

ドレスの身ごろの半分が白、もう片方が紺というはっきりしたコントラストで、その境目のところの、アメリカの国の花はなみずきを図案化した佐賀錦のブローチがポイントになっている。

〝片身替わり〟とは、歌舞伎「助六」の衣装の上半身を脱いだときの粋《いき》な胸元の対角線をイメージさせるデザインである。

日本の日の丸をイメージしたナンシー夫人の真紅のイブニングドレスとは反対色で、互いにお相手を引き立て、ともに映え合う装いであった。

このはなみずきのドレスは、もちろん皇后美智子さまのアイディアでつくられた。植田いつ子さんがテレビ取材で、こう語っていたことがある。

「海外へお出掛けのときはね、やはり相手国のことを考え、日本の代表である妃殿下のお立場でデザインをいたします。日米友好の印としてね、日本から桜を送られたとき、そのお返しとしてはなみずきがあったそうで、そのはなみずきをどこかに使いたいと仰せになりまして、胸元に刺繍いたしました」

平成三年（一九九一年）九月のマレーシアご訪問の際には、マレーシア特産の布を白い洋服のアクセントにしていたこともある。

国内の行事に出席の折にも細かいお心配りをされている。たとえば久留米がすりや、信州織など、訪問する先々の名産をとりいれられたスーツに身を包んだり、お洋服の一部にさりげなく訪問地で生産された織物、布地をつかわれたりする。

それに気づいた現地の人々は喜び、ますます親近感を覚える。「ご当地ファッション」は、美智子さまのやさしさをあらわしている。

美智子さまは、そんなこまやかな心遣いをされたうえで、いつも明るく自然にふるまわれ、お人柄からあふれる微笑《ほほえ》みが、なによりドレスを美しく引き立てている。

「ファッションの観点から色と形でとらえるのではなく、皇后さまのお人柄で、お心でお召しになるということ。それを私は最上だと思っております」

と植田さんは言う。

エレガントで機能的なケープスタイル

「もちろん、機能性も考えてデザインさせていただきます。皇后さまにとっては、お仕事着でいらっしゃるんですから」

機能美という点で、植田さんがつくった美智子さま独特のファッションは、なんといってもケープスタイルであろう。仕事着のエレガンスを追求した、究極のデザインである。「私は以前から皇后さまには、皇后さまおひとりのスタイルをもっていただきたいと思っておりました。

形の上だけのスタイルではなく、まったくお立場の違う皇后さまならではの、装いの心が滲《にじ》み出るスタイルです。

ごく自然にお召しになりながらも、独自の雰囲気の服と申しましょうか。そのようなものをということで十数年来ケープやマントをおつくりしています。

どちらも女性の衣装として古典的なロマンのあるものですが、デザインの美しさだけでなく、長時間お召しになってもお疲れが少なく、脱ぎ着も楽で、機能面のことも考慮しています。

皆さまにご挨拶なさったり手をあげられたり花束をお受けになったり、そういうときに前のあいたケープスタイルはエレガントで実用的なのです。

優雅でクラシックなこれらの服は、お体の線がおやさしい皇后さまには、とりわけよくお似合いになります。

繊細なしぐさの美しさと、独特な大人の雰囲気のただよう皇后さまのエレガンスではないかと感じております。

また、逆にスキッとしたテーラードのようなものをお召しのときも不思議と美しい雰囲気をお出しになる。まさにベストドレッサーでいらっしゃいます」

「あのお立場の方としては、新調は驚くほど少ないのではないでしょうか。一般参賀にはじまり、国賓やサミットの際の晩餐会でも新しくおつくりすることはほとんどありません。

海外へお出かけの折、お持ちになるお召し物のプランにしても、新調はほとんどございません。これまでお持ちの物をいくどもリフォームしてお持ちになります。アクセサリーにしても、訪問国への尊敬の念を表すデザイン、たとえば英国はバラなど、お手持ちのなかから吟味《ぎんみ》してお使いになります。着まわしとリフォームこそ、皇后さまのおしゃれの中心テーマではないでしょうか」

平成五年（一九九三年）秋、両陛下としてはじめてのヨーロッパご旅行は、三ヵ国ご訪問というハードな日程だった。

六月まで皇太子さまのご成婚でお忙しかった皇后さまは、洋服の数も万全とはいえないままのご出発だった。三十着といわれた洋服は、十七セットの洋服の組み合わせで、それもけっして全部が新しいものではなかったのだ。

和服も、すべて以前拝見しているものであり、晩餐会用のイブニングドレスも、ご即位のときのイブニングドレス二枚をつかわれ、やっと間に合わせていらっしゃるという具合。

各地の人々のあたたかい歓迎のなかで、それがすべて新調のものと見えるほど皇后さまは明るく輝き、重責を果たされた。

ミュンヘンで、歓迎の人の打ち振る日の丸の小旗一枚が、皇后さまのお歩きになる道に落ちていたのを、皇后さまがかがんで拾い上げ、そのまま手の中にたたんで持って歩かれたという美しい情景をドイツのテレビが映し出していたと伝え聞いた。

そんなお心の皇后さまを、祖国の日本人が〝フルムーン旅行〟といい、けっして多くはなかった額の衣服費が問題になったことを植田さんは、

「悲しむべきことです」

と言う。

一枚の洋服を大切に長く着る

皇室の妃殿下がたのドレスは限られた年間予算の中でつくられるので、一般で考えているほど豊かなものではない。ちょっと気をつけて拝見していると、同じスーツをお帽子やアクセサリーで変化をつけてお召しになっていらっしゃるのがわかる。

皇后さまはイブニングドレスもリフォームしたりアクセサリーをかえたりして、長く何度もお召しになる。

前述したアメリカ訪問の折にお召しになった白と濃紺の片身替わりのドレスは、実は佐賀錦でつくられたはなみずきがブローチのように取りはずせるようになっている。針と糸でつけ替え自由なのである。

のちに日本での、ペルーのフジモリ大統領やエリツィン旧ソ連大統領来日の晩餐会などでは、佐賀錦のバラにつけ替えてお召しになっておられる。

また、ブローチをはずし、リフォームして白と濃紺の片身替わりのあざやかさだけですっきりとお召しになったこともある。

まるで若者がエムブレムを付け替えるように佐賀錦のブローチをＴＰＯに応じて付け替えることで、美智子さまは、一枚のイブニングドレスを三パターンでご着用になり、大切にしてこられた。

「皇后さまが一枚一枚の洋服をどんなに大切に長くお召しになっていらっしゃるかは、過去の写真をご覧になればわかります。かつて、世界の王室が今よりさらにぜいたくであった三十年前のころも、皇后さまは本当に質素に同じ服を何回もお召しになっていらっしゃいました」

着回しとリフォームについて、私も過去の資料で検証してみた。

平成八年（一九九六年）夏、両陛下が栃木県にお出でになったときの映像でこんな様子をお見受けした。

ファッションは人柄をあらわす

天皇陛下が、少年時代疎開された日光の田母沢《たもざわ》御用邸などを、美智子さまとともに楽しそうにご散策、ご案内されていた。皇后さまのファッションは、濃いめのサーモンピンクのタイトスカート。

もちろん、膝がかくれる丈である。白のブラウスにウエスト丈の長袖の白のボレロを、重ねていらした。日光杉の濃い緑に白とサーモンピンクが映えて夏らしいコントラストであった。

確か、あのドレスは平成になって最初に東南アジア三ヵ国を訪問されたときにタイでお召しになったもの……。確か、蓮の花のお帽子とコーディネートしていらした……。

私はそんな記憶から早速手持ちの資料で調べてみると、間違いなかった。昭和から平成に代が変わってすでに八年。そんなにも前にお召しになったものをリフォームして着用なさるお気持ち。

もうひとつ驚いたことは、日光の二荒山《ふたらさん》神社を神主の姿をした宮司に案内されて参拝されたとき、皇后さまは手に「扇子」をお持ちだった。そして、輪王寺にお回りのときには小さなハンドバッグにかわっていた。

神社参拝には、「扇子」。そしてお寺には「ハンドバッグ」。皇后というお立場から、TPOを考えた皇后さまの小物づかいにも学ぶところは多い。

ひとつのドレスまたはスーツでもお帽子、アクセサリー、バッグなど小物をかえて何度でもお召しになり、それをリフォームしてまたお召しになる。いかに美智子さまがものを大切になさっているかがわかる。

ファッションは人柄をあらわす。とくに、中年以降の女性は円満な生活と性格が着こなしに反映されると思う。病んだ心で、エレガントな装いはできない。つくり手（デザイナー）と、着手（皇后さま）とがひとつの心となって、一着の服を生み出す。

二十年以上も美智子さまのファッションを手がけてきた植田さんの人柄がわかる歌が、ある。

一本《ひともと》の針もおろがみ使ひける
祖母なつかしみ針まつるかな

このお歌は、植田さんが熊本の女学校時代二月八日の針供養の日に詠み、先生から全校生の前で褒《ほ》められた思い出の短歌である。

皇后さまと植田さんの共通テーマは「ものを大切にする心」である。つくる人と着る人との心がひとつになって一度お召しになったものを手入れされて長くお召しになる、そのよさは、私も捨てられない世代に育ったので理解できる。

植田さんは着回しについて、

「一着の服でも、共布でコートやケープを組ませ、お出掛け先の天候や行事の目的に合わせ、幾通りかお召しになることが多いですね。種類を増やすと、それだけ帽子や付属品も多く必要となるので、基本の数を抑え、ワードローブの広がりを控えていられるのだと思います。

でも、それを少しもネガティブにお見せにならず、美しくなさっていらっしゃるのが素敵ですね」

「うちにまたひとつ、宝物が増えました」

長年御所に上がって、家庭人としての美智子皇后にも触れるチャンスの多かった植田さんが、ご家庭での皇后さまについて、

「とても明るくスポーツ好きでいらっしゃいます。いつも体を柔軟に保っておいでです。陛下のご意向をいつも大切になさり、お子さまがたのよき相談相手でいらっしゃいます。皇后さまはご家族皆さまにとって、港のようなおかたでいらっしゃると拝見しておりま

す。

お子さまがたに対しては、宮さまがたの個性を大切にのびのびと、それでもけじめということをきちんとお教えのようです。

親子のもっともさわやかな交流を、垣間《かいま》見ることもあります。

あれは、礼宮さまのご婚約発表の折でしたが、『本当にさわやかなカップルでおめでとうございます』と申し上げましたところ、『ありがとう、うちにまたひとつ、宝物が増えました……』とおっしゃって、いいお言葉だなあと感動いたしました。

陛下は皇后さまに本当にお優しくていらっしゃいますし、三人の宮さまがたは、お母さまとしての皇后さまに深い感謝をお持ちになるとともに、おいたわりと申してもよろしいほどのお気持ちをもっていらっしゃるようにお見受けいたします。

天皇ご一家にささやかでも触れ、拝見しておりますと、日本が昔から持ち続けていた美徳を見る思いがします。

現代という喧騒《けんそう》の中で忘れてしまった、かけがえのないもっとも美しいものがご一家の中にあります。

あるとき、皇后さまに、宮さまがたそれぞれにさわやかでのびのびしたお育ちのことを申し上げましたとき、『陛下が、いつも私たちを守ってくださり、ひとりひとりを大切にしてくださいますから……』と静かにおっしゃられたのが、心に残っております」

そこには近代的な教育を受けた令嬢が日本一の旧家、天皇家に嫁いで三十八年、皇后さまがお築きになられた、あたたかいホームがあった。

「皇后さまという素晴らしい着手がいらしてくださり、自分の服を大切に着てくださって、私は本当に幸せです」

と植田さんはじめ、歴代のデザイナーは異口同音に話す。

最初にパンタロンをすすめた芦田淳《あしだじゅん》

もうひとり、芦田淳さんは、昭和四十一年（一九六六年）から五十年（一九七五年）まで、十年間、美智子さまの専属デザイナーをつとめた。洋服をつくることで、公私ともに美智子さまの側《そば》にいたひとりである。

美智子さまのお人柄が偲《しの》ばれる、芦田さんへのインタビューを紹介する。

「初めてお会いしたのは、美智子さまが三十五歳くらいのときでした。もう天にものぼる気持ちで、本当にもうこの世の人とも思えませんでした。

私は汗っかきなのですが、美智子さまにお会いするときはいつも汗がいっぱいでた。はじめは硬くなっていたのですが、十年間やって、最初の緊張がだんだんやわらいでいきました。

もちろん緊張感がなくなることはありません。つねに同じ気持ちでした。何と申し上げたらいいのか、つねに新鮮なかたでいらしたように思います。

とても威厳がおありになったし、こんなことを申し上げて失礼かもしれませんが、女性として魅力のあるかたでした。

十年の間、私なりにいろいろと提案申し上げたことがあります。

ちょうどスカートがミニになるときでしたから、少しスカートを短くしていただくとか、最初にパンタロンをおすすめしたこともありました。

はじめは、ミニもパンタロンも抵抗がおありになったようですが、話を非常によく聞いてくださるかただったので、だんだんとりいれていただくことになりました。

ひとつのとくに気に入られたデザインをあげることはできませんが、公式の場に出る洋服にたいしては、非常に気を遣っていらっしゃいました。

まず第一に、ご自分が目立つことを好まれませんでした。他の宮さまがた、またお客さまがた、そのかたがたの洋服をこわさない色、つまりベージュをはじめとする淡い色を選ばれるなど、始終お考えになっていらっしゃいました。私は、いつもそのご配慮に感心していました。

保守的ではなく、いろいろなものをとりいれましたが、お立場上、思いつきみたいなことはお好みになることはありませんでした。

ただ、周囲の人の申し上げることは、非常に素直に耳をかたむけて、それからご自分で判断されるという感じでしたね。

たとえば、老人ホームや施設をご訪問になるときは、とくに気を遣われていました。老人ホームには、どういう服を着ていくと皆を喜ばせることができるか。孤児院に行くときには明るい服がいいのか、きちんとした服がいいのか。

いらっしゃる前によくお考えになって、成功したというか、いい感じを与えた場合に、たいへん気に入ったという感じでしたね。

相手がどう思うか、その場所で自分がどう美しくなるか、と考えておしゃれなさるのです。美智子さまの場合、どういう色を着ていったら喜んでもらえるか。

あるいは、悲しみに沈んでいるかたには、どういう色を着ていったらその悲しみを少しでもやわらげたり慰めたりできるかと、ともかく相手のことばかりお考えになりました。妃殿下自身の好みは、わりにはっきりしていますし、皇太子殿下のお好みが反映されることはあまりなかったように思います。

私自身は、美智子さまはどんな服もお似合いになると思っています。

私にとって、たいへん貴重な十年間でした。というのは、スーツを徹底的に勉強したからです。

つまり美智子さまのお立場で、公の場にゾロッとしたワンピースを着てお出になることはあまりない。やはり、きちんとしたスーツをお召しになることが多いわけです。どこからみても、日本のプリンセスとして恥ずかしくないスーツを勉強できました」

色彩感覚のすぐれたかた

「ふだん着は、わりとかわいいものをお好みでした。刺繡《ししゅう》やアップリケのしてあるものなどです。公式でないときには、わりと自由にお考えになる。いろんな楽しいデザイン、かわいらしい色やデザインもとりいれて、たとえば、マタニティはうんとロマンティックにするなど、そんなこともありました。

素材は、日本のものをつかうことを非常に好まれていました。できるだけ日本の、生地のいいものをお召しになるという考えでいらっしゃいました。

日本の素材といいますと、ウールも夏の生地も国産です。デザインは、まずそれを探すことからはじまりました。もちろん、日本の染めなどを洋服にとりいれることもなさいました。お立場上の配慮でしょう。

具体的には、日本のシルクを海外に着ていきたいというような仰せが多くございました。

また、ブラウスだけを取り替えたり、ちょっとしたアクセサリーで感じを変えたりなさいましたね。私は、それは、おしゃれの真髄《しんずい》だと思います。

ひとつの洋服を同じ表情でお召しになるのではなく、いろいろとその組み合わせによって雰囲気を変えてお召しになるということは何度もなさいましたね。

ときどき、『一度お召しになったものはもう手を通さないんでしょう』などと質問されることがありますが、それはとんでもないことです。

五年前のものでもお召しになる。ただ着るのではなく、何かこうフレッシュにお召しになる。アクセサリーひとつとっても、それはたいへんお上手でした。

たいへんおしゃれのセンスのある、とくに色彩感覚のすぐれたかただと思います。ですから、専門家としても、教えられることが非常に多かったです。

また、たいへんな勉強家でもいらした。たとえば、外国人相手でも、舌を巻くような外国の詩なども勉強なさっていたので、お目にかかるたびに何か自分が成長していくような気がいたしました。

海外へ行く場合、もちろん日本の生地ばかりでつくれないことがありますから、まず第一に日本のものを使うことを考えて、無理な場合に輸入品を使いました。

民芸調の服をお召しになることはありませんでしたが、いらっしゃる前には相手国のあらゆることを勉強されますから、それを装いに加味されるようなことはあったと思います。

お子さまの話はよくなさいました。礼宮さまが、お腹にいたときのマタニティもつくりました。

礼宮さまがちっちゃかったときに、大きな食用ガエルをいつもだっこして出てこられて、私はそういうことが臆病《おくびょう》なものですから、寄ってこられたらどうしようと思った記憶がございます。

お母さまとしては、それはもう素晴らしいかたでした。立派なご教育をなさいましたし、お子さまがたはたいへん、のびのびとしていらっしゃいましたね」

美智子さまから手作りプレゼントを

「十年間、毎日が思い出です。思い出という言葉では言いあらわせないほど、自分の人生にとって、毎日が宝石のように尊いものです。

私が若いとき、ビルを新築した折に、美智子さまが、『私は、自分で買い物をすることができないから、これは余り布でつくったんです。貴方は洋服屋さん、デザイナーだから……』と黒い枠に黒白の千鳥格子でつくられたはさみのカバーとピンクッションをプレゼントしていただきました。本当に、このような心あたたまることが多くございました。

たとえば、本当に些細《ささい》な、私の家族が病気したなどということをたいへんに心配してくださる。

母がちょっと具合が悪かったもので、などと申し上げると、しばらくの間、『お母さまはいかがですか』とおっしゃってくださる。それを母に伝えると、明治の女なものですから、泣いて喜んでいました。

なんというか、本当に心が清められる、そして人間的にも自分がいちばん成長した素晴らしい十年だったと思います。

私は、ご成婚パレードを、ちょうど知り合いの〝ベルモード〟の前を通られるというので、麹町のその店に頼んで、そこで拝見しました。

それがとても不思議なのですが、そのとき『僕は、かならずあの人の洋服をデザインする』と断言したそうです。

もちろん、美智子さまのデザインを担当するずっと前の話です。あるとき『そう言ったことを覚えていますか』と聞かれて、自分でそんなことを言ったのか、と驚きました。

若いデザイナーが、そういうことをはばからず、生意気にも申し上げてそれが結果的に実現したということなのだと思います。

美智子さまを拝見したのは、そのパレードが初めてです。そのときの美智子さまはシンデレラとかいろいろなふうに言われますが、私はもうこんな素敵な人がこの世界にいるのかと思いました。

ですから、デザイナーとしてこのかたの洋服のデザインができたら、夢だなという、そんな若気のいたりで言ったのではないでしょうか。

そのときはただパレードを垣間《かいま》見たり、新聞などでたくさんお出になったから、それでいろいろ拝察していたにすぎません。

それから何年かたって、美智子さまのお洋服をつくるという運命的な、もちろん自分で勝手にそう思っているのですが、立場になりました。

デザイナーの立場で接すると、やはり生まれながらにして、妃殿下になるべくしてなられた、妃殿下になるために生まれてこられたかたなのだというふうに思いました」

スポーツドレスが話題になった中村乃武夫《なかむらのぶお》

「皇后さまはね、皇后のよさがある。皇后でなければならない美しさがあるんですよね。やはり完全主義なんです。

こういうことが一回ございました。サッシュベルトのような上にもう一つベルトをつくるという仕事をしたことがあるんです。

ベルトの上に、また帯締めをするような形になるので、帯締めを太めにした。多少皺《しわ》ができたんですよ。

『この皺は?』

って僕に言うんですよ。それで僕は、『これは樽《たる》のタガと違うんです。私の解釈は帯の上から帯締めをするということはね、帯を締めているということの気分があってよろしいんです』

と申し上げたことがあるんです。すると皇后さまは、

『ああそうですか、おっしゃる通りですね。それならそれでいいと思います』

そういうふうに、わかっていただきました。ものすごく頭のいいかたですから、一度言ったことは全部覚えていらっしゃるんです。私がときどき変なことを言うもんですからね」

中村乃武夫さんが美智子さまにお着せした代表的な服は、昭和四十七年（一九七二年）札幌オリンピックの折、真駒内アイスアリーナでお召しになられたトルコブルーのスポーツドレスである。

同色のお帽子でコーディネートされた美智子さまのはつらつとしたイメージは、美智子さまファンならずともご記憶のかたも多いと思う。

一本芯《しん》の通ったかた

このドレスのデザインがご縁で、中村乃武夫《なかむらのぶお》さんは後に美智子さまから大きな仕事をさせていただいた。

それは秋篠宮妃《あきしののみやひ》となられた川嶋紀子《かわしまきこ》さんの結婚衣裳――朝見の儀《ちょうけんのぎ》でお召しになるローブ・デコルテと、結婚を伊勢神宮に報告の折、お召しの参拝服を手がけている。

私の番組取材で中村乃武夫さんは、こう話す。

「初めてロングドレスというのを着られた姿を見たんですがね、何かね、あのかたはいつも微笑みを絶やさないというか、そういうところがあるんですが、その中に凛《りん》としたね、感じを受けたんですね。

何かとても若くて、非常に一本芯《しん》の通ったね、女のかたっていうかね。今までは何かお子さんっていう感じのほうが強かったんですが。そのとき初めて『いい感じだなあ』って、その瞬間に思いましたね」

第三章　宮家の姫君の敷かれたレール

母の質実剛健《しつじつごうけん》な教育方針

皇太后良子さまは明治三十六年（一九〇三年）三月六日午前六時二十五分、久邇宮邦彦《くにのみやくによし》王の第一王女として、東京・麻布《あざぶ》鳥居《とりい》坂《ざか》の久邇宮邸でご誕生。体重三・四キロの、固太りの赤ちゃんだった。

ご生母の俔子《ちかこ》妃は、旧薩摩藩主、従一位公爵島津《しまづ》忠義《ただよし》の第七女で、明治三十二年（一八九九年）十二月十三日、久邇宮邦彦王とご結婚。男の子二人相次いでご誕生のあと、三番めに初めて女の子を出産された。二十三歳で三児の母、明治時代の女性のライフスタイルとしては、これが当たり前であった。

久邇宮家では、初めての女の子の誕生を祝って、お七夜にあたる三月十二日、「良子」と命名された。明治四十年（一九〇七年）九月、満四歳で学習院女学部の幼稚園に入園。この幼稚園で、久邇宮良子は、未来の夫、昭和天皇に出会っている。

幼少時代の昭和天皇、迪宮《みちのみや》裕仁《ひろひと》親王に十一年間女官として仕えた鈴木《すずき》貫太郎《かんたろう》夫人、孝《たか》さんの手記（特集文芸春秋「天皇白書」昭和三十一年）によると、ちょうどそのころ華族女学校の幼稚園がございまして、あそこに野口幽香子《のぐちゆかこ》さんという先生がおいでになりました。この方が幼稚園の方の主任でございまして、よく幼稚園へお遊びにおいでになったんでございます。

その幼稚園に今の皇后さま（良子さま）と皇后さまのお妹御《いもうとご》さま（故三条西公正《さんじようにしきんおさ》夫人信子《のぶこ》さん）がおいでになりまして、お昼食を頂く時は、こちら側には迪宮さま（天皇）と淳宮《あつのみや》さま（秩父宮《ちちぶのみや》）、あちら側には今の皇后さまとお妹御さま、というように並んでお弁当を召し上がる。お上《かみ》のほうはニコニコ笑ってごらんになりますが、淳宮さまの方はちょっと行っておいたをされる。

お二方はニコリニコリ遊ばしておいでになりましたが、その時分幽香さんが「このお二方は将来ご縁組でも出来そうに思える」ということを言っておいでになりました。まだ幼稚園にいらしった時ですから、われわれはそんなことがあるかしらんと思いましたが、のちになると皇后さまにおなりになりまして、お幽香さんあたりには一種の霊感があったんでございましょう。

ここでご両親のことに触れておく。父上の久邇宮邦彦王は、陸軍に籍をおかれ、日露戦争には第一軍の参謀として出征。その後、ドイツに留学。大正十三年（一九二四年）、陸軍大将に昇進。

昭和四年（一九二九年）一月、五十七歳で亡くなられた。母上の俔子妃は、三男三女をもうけられたが、戦後臣籍降下され、昭和三十一年（一九五六年）九月九日、七十六歳で亡くなった。良子さまには妹が二人、すぐの妹は三条西家に嫁がれ、下の妹は、東本願寺の大谷《おおたに》家に嫁がれ、大谷智子《おおたにさとこ》裏方《うらかた》として各方面で活躍された。

のちのテレビ取材のインタビューに、

「私たち兄弟姉妹は、小さいときからどういうわけかいろいろな人が見にきて、身長や体重を測られたりしたことがございます。皇后さまは、いつもお姉さまらしく弟や妹をいたわってくださいました。六人兄弟姉妹で上二人が兄、それから皇后さま、次の姉、私、そして弟（青蓮院門跡《しょうれんいんもんぜき》 東伏見慈《ひがしふしみじ》洽《こう》）です」

母の俔子妃は、「自分のことはなるべく自分でするように」と薩摩の島津家出身の女性らしく、質実剛健な教育方針であった。勉強も家庭教師はつけず、すべて自分でしなくてはならず、どうしてもわからないときはお手伝いに尋ねるくらいで、良子女王をはじめ姉妹は、いつも三人で勉強された。

「私たちは普通の身分とは違うのだから、それだけしっかり勉強しなければならない。そして、他の人々に尊敬されるようにならなくては」

ということを姉妹はいつも話し合い、励ましあったという。兄弟姉妹六人は、皆音楽が好きだった。

上の兄はチェロ、下の兄はバイオリン、弟はピアノ、良子さまと妹二人はピアノを習い、いつも三人で唱歌を合唱したという。

二人の妹には、姉の良子さまがすべてのお手本だった。良子さまは、「良さま」と呼ばれていた。大正四年（一九一五年）三月、学習院初等科を卒業し、女学部学習院中等科へ進まれた。

花嫁修業をしながら結婚を待つ生き方

大正時代の学習院女学部は、東京都千代田区の現在の地下鉄永田町駅の周辺にあった。久邇宮良子女王は、麹町《こうじまち》一番町の久邇宮邸から歩いて通学していた。

紬《つむぎ》の着物、海老茶の袴《はかま》、髪には大きなリボン、黒のストッキングに黒の編上げ靴が、当時の上流社会の女学生のファッションだった。

大正五年（一九一六年）十一月三日、迪宮裕仁親王は立太子式を行なっている。すでに、お妃選びは始まっていた。

有力候補として公爵一条実輝《さねてる》の令嬢朝子《ときこ》さま、梨本宮《なしもとのみや》守正《もりまさ》王の第一王女方子《まさこ》さま、久邇宮良子女王の三人の姫君のいずれが皇太子妃に決定されるのか、上流社会では華やかな噂《うわさ》がとびかった。皇太子妃は宮家の姫か、ついで「五摂家」と呼ばれる公家華族《くげかぞく》（近衛《このえ》、鷹司《たかつかさ》、九条、一条、二条）の姫か、大名華族の令嬢から選ばれるのがしきたりであった。

裕仁親王の母、貞明《ていめい》皇后は、長男である皇太子のお妃選びには、とりわけ熱心で、学習院女学部の学業参観や、運動会に足しげく通われていた。

貞明皇后が女子学習院を参観された大正六年（一九一七年）十月当時、久邇宮良子女王は十四歳、女学部中等科の三年生。その気品と、体操の時間でなぎなたを学ぶきびきびとした動きと細身のプロポーションは、女学部の生徒の中でも際立って見えた。

授業参観を終えて、宮城《きゅうじょう》（かつて皇居は宮城と呼ばれた）に帰られた皇后は、大正天皇に良子女王のことを語ったという。時に、皇太子裕仁親王は十六歳であった。

大正七年（一九一八年）一月十四日、波多野《はたの》宮内大臣《くないだいじん》が、愛知県豊橋の陸軍第十五師団長であった父親の久邇宮邦彦王をたずねて、良子を皇太子妃に、という皇室の意向を伝えた。

大正六年の十二月、冬休み前のことであった。久邇宮良子が授業を終えて女学部の門を出てくると、見覚えのある久邇宮家の馬車が止まっており、この日はなんと父君が迎えに来られていた。

立派な口髭《くちひげ》の邦彦王は、わが娘の姿を見つけると、威厳に満ちた口調で、

「良子姫乗りなさい」

「お父さま、何かございましたの」

永田町から一番町の自宅に向かう馬車の中で、父は娘に、

「あなたは東宮殿下のお妃にあがることに決まった。これからはもう学校に通わず、自宅に学問所を建て、そこでお妃となるべき学問を身につけていただく。よろしいか」

「はい」

当時の女性は、両親に自分の運命を委《ゆだ》ね、花嫁修業をしながら静かに結婚を待つ生きかたが正しいとされていた。

宮家の姫君として育てられた良子女王には、父の言葉は「決定」であった。数年前、良子女王は家族と箱根で夏休みを送った。その折、学友と箱根登山をされる東宮殿下を、宿

の前でお見送りしている。父君大正天皇がご病弱なせいだろうか、お年のわりには大人びた印象だった。

十四歳で婚約、十六歳で初めて対面

大正七年（一九一八年）一月四日、久邇宮良子は、学習院女学部中等科を三年で中退されている。

久邇宮家では、庭に御学問所を新築した。御花《おはな》御殿という。部屋数は四室、ここで皇太子妃として、また未来の皇后としてのお妃教育がスタートした。

御学問所の主任には、御用掛《ごようがかり》に後閑菊野《ごかんきくの》女史、修身学は裕仁親王にご進講していた杉浦《すぎうら》重剛《しげたけ》が担当した。

ほかに化学、物理、数学の鈴木《すずき》元美《もとみ》、フランス語の児玉錦平《こだまきんぺい》、歴史・地理の依田豊《よだゆたか》、習字・小野《おの》潤之助《じゅんのすけ》、絵画の高取稚成《たかとりわかなり》、体操の土鳥信《つちとりのぶ》、歌道・阪正臣《ばんまさおみ》、美術史の瀧精一《たきせいいち》、国文学の芳賀矢一《はがやいち》。このほかにも社会事業や陸軍、海軍などの知識について専門家を呼んで特別講義を聞かれた。

この御学問所には、妹の久邇宮信子女王（のちの三条西信子さん）と、順天堂病院院長令嬢佐藤貞子《さとうていこ》と平山信子《ひらやまのぶこ》のご学友が選ばれて、良子女王と机を並べて四年間勉強した。

皇太子妃に決定されてからも、裕仁親王と良子妃が会う機会は、すぐには来なかった。婚約者、裕仁親王との初の対面は、内定発表の大正七年一月十七日から二年もたった大正九年（一九二〇年）六月のことであった。

皇太子である裕仁親王が渋谷の久邇宮邸を初めてご訪問、良子女王は、薄紫の紋羽二重の振り袖に、海老茶の袴で両親とともにお出迎えしたが、未来の夫、裕仁親王の軍服姿をご覧になっただけで、お二人だけでお話をするなどということはまったくなかったという。

大正天皇、貞明皇后は、良子女王の健やかな成長ぶりにたいへん満足され、洋服地や京人形、美しい蒔絵《まきえ》の手箱など、数々の贈り物をお届けになった。

「ご成婚間近の良子女王の日常」

若き日の久邇宮良子女王は、身長百五十六センチ。明治生まれの女性にしては背が高く、母である久邇宮俔子《ちかこ》妃の身長を受け継いでおられた。

私が勤務する文化学園新都心キャンパスの服飾博物館に、久邇宮良子女王の着用したカクテルドレスがある。パリ製。黒とオレンジの絹レースのドレスはミモレ丈である。そのドレスから、良子女王が当時としては丈高く美しいプロポーションの持ち主だったことが、容易に想像できる。

また、お妃教育の中には近代的な運動の時間が用意されていた。体操、そしてなぎなた、また皇室は洋装が正装なので、当然のことながら、ダンスのレッスンもあった。なぎなたは東京府立第一高女の土取先生の指導でめきめき上達され、朗らかな掛け声と構えの姿にはスラリとして近代的な雰囲気も備わっていた。

また、テニスをことのほかお好みになり、本格的な硬式庭球であった。弟の邦英《くにひで》王やデビスカップ杯選手がお相手かたがたコーチをつとめていた。

久邇宮御殿のテニスコートは約五百坪。松林を巡らせた高台にあり、大正時代の東京では芝から品川の東京湾を望むことができた。このテニスコートで良子女王がラケットを手に軽快にプレーする姿が、よく見られた。

大正十三年（一九二四年）一月六日号の「サンデー毎日」に、「渋谷御殿における良子女王のご日常」というタイトルの良子姫の状況が伝えられている。

東京府下渋谷の御殿における最近のご日常はまず拝するも恐れ多い程ご多忙である。

お体に差し障らせられない限り、ご起床は午前六時、ご洗面後、主として和服にお着替えとなり、まず御霊殿への参拝が行われる。

御霊殿は天照皇大神始め、ご先代の英霊をまつられ女王のご起居遊ばされる東向き御書院からは約一町を隔たって、お庭の奥に囲まれて建っている。（中略）ご参拝が終わると父宮、母宮両殿下に朝のご挨拶があり、ご朝食を召される。

お食事は日本食を主とした折衷食で、ご食量はご健康をお偲び申すほど相当に召し上がる。ご学問のご都合でご朝食は両殿下とご一緒に召し上がる時とお独りでお済ましになる時とがある。

即ち一週のうち月、火、水、金、は午前九時から午後に渡ってご学習とご運動があり、木曜と土曜には更に臨時ご進講をお聴きになる。

ご学習の科目は一日平均二、三科目であるが、そのご熱心さにはおつきの人々が全く敬服している。

今は九月の地震のため損じたのでご修理中であるが、「御花御殿」と呼ぶ御学問所は女王のご質素なご日常をうかがうに足る極めてお手狭な日本風二階建ての一棟で恐らく世の富豪や貴族の人達が拝観したならばかえりみて恐縮する者の多いことだろう。

色盲遺伝を巡る大事件

皇族のご婚約、ご結婚には、いつの時代もドラマが存在する。国民は時代を超えて、そのドラマに関心を持つのだ。

大正七年（一九一八年）一月十八日の新聞に、

「東宮妃《とうぐうひ》冊立《さくりつ》御治定《ごじじょう》」

の見出しとともに、リボンをつけ振り袖姿の人形のように愛らしい良子女王の写真も大きく載せられた。本文は、

「畏《かしこ》き辺《あた》りにては今回第十五師団長久邇宮《くにのみや》中将邦彦《くによし》王殿下、第一王女良子殿下を東宮裕仁親王殿下のお妃にご冊立《さくりつ》のことに御内定相成《あいな》るを以《もっ》て……」

大正九年（一九二〇年）六月、良子女王と皇太子裕仁親王が初めて会われた直後、「宮中某重大事件」が起こった。良子女王の母かた、島津家の色盲遺伝を巡る事件であった。

京都の青蓮院《しょうれんいん》は、天台宗総本山比叡山延暦寺の門跡寺院として古くから知られており、皇室と縁が深い寺である。その門主は、良子皇太后の七歳下の弟東伏見慈洽《ひがしふしみじこう》（久邇邦英《くにくにひで》）氏である。

私はかつて、特別番組「皇后さま喜寿おめでとう 昭和の風雪」のプロデュースで取材にあたったが、最初、出演交渉は拒否された。粘りに粘って京都・東京を往復すること四たび、ようやく単独インタビューのお許しが出た。

青蓮院の奥座敷にテレビカメラを持ちこみ、狩野《かのう》派の襖絵《ふすまえ》、金屏風《きんびょうぶ》を背に紫の衣をつけた門跡はインタビューに応じてくれたのである。

「宮中某重大事件の発端はいつ、どうしてでしょうか」

「今だからお話しできますが」

と前置きして、東伏見慈洽氏は語ってくれた。

「私が学習院初等科二年のときだったと思います。身体検査があって、学習院には陸軍の軍医学校の軍医さんが十人ぐらい派遣されてきて、体の各部分の眼科とか耳鼻科とか歯科とか検査するのです。

目のほうでしょう。小学生だった私がひっかかったんです。ちょうど色盲の研究で大変有名になった人ですけれども、その人が担当しておられて色盲を発見したわけです。それがあとになって、陸軍の上のほうに意見書を付けて出したことではじまったように思います。色盲が遺伝するという問題ですね」

当時、学習院嘱託医、草間軍医は、メンデルの法則の研究者で、久邇宮家、島津家の家系を調べ上げ、久邇宮妃の里方である島津家に色盲がある、という結論を得て、名を秘して医学雑誌に研究報告として発表したのである。

「それで、どうされたのですか」

「そう言われても、仕方のない問題でしてね。私どもも結婚する場合でも最初に色盲という話をして、そういうことは承知で結婚するわけなんです。で、私どもの子どもを見てますと、男の子が三人いますけれども、やはり（遺伝が）濃いのと薄いのとありましてね。でも、自動車の免許証を皆取っていますから、そうひどいことではないと思います。でも私の場合、具合が悪いときがありますね。

絵を見たとき、この絵がきれいだと思っても、正常な人の目で見るのと私の見るのとは違うということがあるもんですから、絵のことについては間違ったことを言うことになるかもしれず、黙っていることにしているんです」

果たして草間軍医の研究はセンセーションを巻き起こした。「久邇宮家の色盲」を言いふらす者もあり、宮内大臣は元老山県有朋《やまがたありとも》に色盲問題を持ち出した。山県はすでに聞いていたらしく、

「畏《おそ》れ多くも神聖なる皇統に色盲が遺伝することがあったら一大事……」

「妃は良子がよい」

時の権力者の一言がたいへんな波紋を生じた。婚約後二年も経過した以上、久邇宮家は成り行きを静観するしかない。当然、「ご婚約辞退の勧告」という圧力も、山県から久邇宮家にかかったりもした。

この宮中某重大事件は、明治維新以来の政界を二分してきた薩摩と長州の派閥争いでもあった。国民の大部分は、この事件を知らない。

大正九年十二月十一日付の東京日日新聞。

杉浦翁憤慨して辞表を出す、中村宮相と道徳上の意見衝突。良子女王御学問所を

去る。大義名分を明らかにする沈痛な意見書。

このとき、良子女王の修身学の講師である杉浦重剛が、

「良子女王の血統に色盲遺伝があるから、ご婚約を中止せよ」

と言う山県に対し、「綸言汗《りんげんあせ》のごとし」（君主の言葉は一度出したら引っ込められない）

——倫理上からも東宮妃内定のご破談はならないと反論した。

良子女王の母、久邇宮俔子妃が娘を連れて貞明皇后にご機嫌伺いに上がりたいと宮中に電話をかけても「ご都合が悪いのでまたの日になさるよう」という返事が多く、電話を取り次ぐ宮中の女官たちまでが、真っぷたつに割れた薩長の対立の中で困惑していた。

大正十年（一九二一年）二月十日、けたたましく号外の鈴の音が鳴った。

「宮内省は良子女王殿下東宮妃ご内定の事に関し世上種々《せじょうしゅじゅ》の噂あるやに聞くも右ご決定は何等変更なし」と発表した。

不穏な空気は一掃され、山県は一切の官職を辞し小田原に引きこもった。裕仁親王が終始「妃は良子がよい」と主張されていたのも、元老山県らの反対が実現しなかった大きな要因であった。

六ヵ月間ヨーロッパ旅行に出かけていた裕仁親王は、九月三日横浜に帰港された。婚約者良子女王へのお土産は英国ロンドンの銀製の手鏡と櫛《くし》、ブラシのセットだった。大正十一年（一九二二年）六月二十日、宮内省発表があった。

「皇太子殿下と良子女王ご結婚の儀、本日勅許《ちょっきょ》あらせられたり。おってご納采《のうさい》の儀《ぎ》は来月上旬に行なわせらるべきご予定である」

当時の上流社会、特に最上流とされた皇族同士の婚約ともなれば、今の若い人には想像もつかないほど厳格だった。

たとえ婚約者同士でも、年に一度の皇族がたの新年パーティーで、良子女王は婚約者、裕仁親王を遠くから仰ぎ見るのみであった。

大正十二年（一九二三年）九月一日午前十一時五十八分、関東大震災。まだラジオもない時代で、デマがしきりに乱れ飛んだ。

「宮《きゅう》城《じょう》も燃えつつあり」（大阪毎日新聞）

「摂《せっ》政《しょう》宮《のみや》は行方不明」（河北新報）

などとも報道された。この震災のため十一月に予定された結婚はさらに延期、年が改まって一月十日「告期《こくき》の儀《ぎ》」が行なわれ、ご成婚は大正十三年（一九二四年）一月二十六日と決まった。

弟の慈洽氏は、姉の性格を、

「父に似た性格で、私どもから言うと姉は三人おりますから一番上の姉になります。一番上、長女の性格でしょうか。難しい問題になったとき、筋道をちゃんとつけてはっきり筋を通すことを考えていましたし、兄弟である私どもにもそういうことをおっしゃることが多かった。

いろいろ問題があっても冷静な判断をしてくださる。たとえば、『そのへんで、やめるべき時期じゃないか』とか、適切なアドバイスをされましたね」

大正十三年一月二十六日、良子女王は、午前三時半に起床。大寒の午前三時は、深夜である。ただちに化粧室に入り、髪をおすべらかしに結うのである。結うものも結われるものも、緊張していた。所要時間三時間。ポロポロと涙の出るほど痛い髪上げである。

十二単《ひとえ》着用の介添え役は、二人の子爵夫人が担当。日野西広子《ひのにしひろこ》さん、清岡峰子《きよおかみねこ》さんが良子女王の装束を整えた。午前八時半、中学生であった弟の東伏見慈洽氏は、

「十二単で家族の前に現れたお姉さまは、輝くばかりの美しさでした。皇族のなかでも親王家と王家とで、かなりいろんなことに差がありまして、その親王家は、また宮中とはた

いへんな差がありますもんですから、お姉さまもそれは予期した以上にたいへんだったと思うんです」

学習院のクラスメート、故徳川幹子《とくがわもとこ》さんら同級生全員も振り袖姿でお見送りになった。学習院の学友の一人として、その晴れの出発の様子をお見送りした加藤《かとう》シヅエさんは、

「久邇宮御殿の長い長いお廊下の奥のほうからお出ましになっていらっしゃいました。姿勢よく真っすぐにしずしずとお歩きになってらっしゃって、階段を三つくらいでしたか下りて、それでお馬車にお乗りになるわけですけど、そのお姿を私どもは、まざまざとね、拝見していたわけでございます。

これはまあ、たいへんな責任の重いご結婚なんでございますからね。毎日どういうふうにしてお暮らしになるのか、たいへんなことだろうなと思いました」

いかばかり身はひくくとも
真心を保たむ人ぞたふとかるべき

今に残る、良子さまの決意の和歌である。

東京都渋谷区広尾の聖心女子大学。ここは、現皇后美智子さまの出身大学でもあるが、旧久邇宮御殿の跡地である。キャンパスの一角に、かつての久邇宮御殿がそのまま保存されており、「クニハウス」と呼ばれている。

この広尾の土地は、日本の二人の皇后陛下を送り出した土地なのである。久邇宮良子女王のご実家であり、日清製粉社長令嬢正田美智子さんの出身校でもあるのだから、不思議な縁が感じられてならない。

足かけ六年という気の遠くなるような婚約期間を乗り越えて大正十三年一月二十六日、裕仁親王と良子女王のご成婚はようやく実現した。

新婚の五年間は、現在の迎賓館赤坂離宮で生活された。ベルサイユ宮殿を模してつくられた赤坂離宮は、今に残るルイ王朝風の部屋で豪華なシャンデリアがある。天井壁画は明治画壇の巨匠黒田《くろだ》清輝《せいき》、岡田《おかだ》三郎助《さぶろうすけ》が手がけたものである。

大正十二年から昭和九年（一九三四年）まで侍従として昭和天皇に仕えた故岡本《おかもと》愛祐《あいすけ》氏は、

「初めて良子妃殿下に拝謁《はいえつ》いたしましたのは、大正十三年一月二十六日のご成婚のときです。それまでの殿下のご生活は、女っ気のない殺風景なご生活だったんですね。

ところが、妃殿下がおいでになりましたらね、まるで花が咲いたような美しいご家庭になりました。お名前の呼び方は『良宮《ながみや》、良宮』とおっしゃいましたよ。それから、皇后陛下のほうは、『お上《かみ》、お上』とおっしゃいました」

若き日の裕仁親王と良子妃はテニスなどスポーツも、よくおそろいで楽しまれていた。その様子を、岡本愛祐氏はこう話す。

「ダブルスですから、陛下の組、皇后陛下の組でゲームをなさったこともありますけれども、皇后陛下は非常にフォームがおよろしいんですよ。久邇宮においでになりましたとき、正式なフォームをお習いになっていますから。

陛下のほうは、御学問所時代にね、陸軍の大尉ぐらいの教官がお教えしたもんですから、フォームは非常に立派とは申し上げられなかったんですけれども、力強いストロークでした」

弟の東伏見慈洽氏は、新婚当時、赤坂離宮へ何度か遊びに伺ったという。

「ピアノを弾いたりテニスをしたり、また新宿御苑《ぎょえん》で陛下もご一緒にゴルフをいたしました。そんな写真もあります。当時の姉は、わりと朗らかにおおらかに生活していたように見受けられました」

新婚旅行は猪苗代湖《いなわしろ》

在りし日の昭和天皇と良子皇后が、仲睦まじくお住まいになった吹上御所の正面ホールの階段に掛けられている一枚の絵。東山魁夷《ひがしやまかいい》画伯描くところの「猪苗代湖《いなわしろ》」。

この絵は昭和三十六年（一九六一年）秋、吹上御所完成の折に、このホールに掛けられた。一枚の風景画に描かれた猪苗代湖は、昭和天皇と良子皇后の新婚旅行先――思い出の地なのである。

大正十三年八月、ご成婚七ヵ月め、裕仁、良子両殿下は福島県翁島《おきなじま》の高松宮《たかまつのみや》別邸にご滞在になった。東京から三百キロも離れた福島の猪苗代湖。

この湖に臨む翁島には、明治四十年（一九〇七年）、有栖川宮威仁《ありすがわのみやたけひと》親王が天鏡閣《てんきようかく》を建てられた。三階建て、八角形の展望台があるこの御殿は、夏は人里離れた絶好の避暑地である。

大正二年（一九一三年）、有栖川宮亡き後、裕仁親王の弟高松宮宣仁《たかまつのみやのぶひと》親王が、これを受け継がれた。

大正十三年八月のある日、六両編成の蒸気機関車に引かれたお召し列車は、菊のご紋章を燦然《さんぜん》と輝かせ、翁島駅に入った。

列車から降りた両殿下のファッションを紹介しよう。若き夫は黒の背広に蝶ネクタイ。新妻はダチョウの羽飾りのついたつば広の帽子、クリーム色の丈の長いワンピース、といったヨーロッパ風のいでたちであった。

当時のことで、地元の農民や子どもたちは遠くから拝みながら、その外国人のようなファッションに驚いたという。

親王も良子妃も湖畔の静かなたたずまいがことのほかお気に召し、白麻の背広に麦わら帽子の裕仁親王と、薄紫の優雅なワンピースに白レースの日傘をさした良子妃の散歩姿が毎日のように見られた。

ときには、お二人は馬車に乗られた。親王はご自分で手綱を引き、傍らには良子妃の姿があった。細身で切れ長の目の美しい妃と、端整な青年皇太子。

猪苗代湖には、お祝いの花火が打ち上げられ、お二人は展望台で肩を寄せ合って夜遅くまでご覧になった。

また、ある夜は村の小学校の児童が集めた数千匹の蛍《ほたる》を、お庭に放して蛍狩りと、お月見のひとときを過ごされていた。

「お上、ご覧あそばせ」

良子妃の声に、

「きれいだねえ」

と、言葉少なに眼鏡を押さえて感嘆する裕仁親王。

「お上」「良宮」と呼び合うお二人。

お供の珍田《ちんだ》捨己《すてみ》東宮大夫は、

「陛下が感服されたのは湖上の美観であったことは言うまでもなかったでしょうが、ご視線は妃殿下のほうに向いておられました」

と話す。

また、あるときは、良子妃はモーターボートも操縦されたという。明るい笑い声が、湖上にこだましました。このような西欧風な新婚旅行は、この地方の人々の記憶に永く残された。

皇室初の一夫一婦制を実現

裕仁親王は妃殿下をお迎えするにあたり、これまでの女官制度(お局《つぼね》制度)を改めるようにと、ご下命になった。裕仁親王は大正十年（一九二一年）、ヨーロッパ旅行の折、英国、ベルギー、オランダなどの王室をご覧になり、日本の皇室の女官制度も時代に沿って改めねば、と考えられた。これも、やがてお迎えする妃殿下のことを思われてのことであった。

しかし、明治天皇の時代から古い制度を引き継いでいる女官の世界は、伝統と格式に満ち、これを改革するのは並大抵のことではない。

当時、二十二歳の裕仁親王がやりとげたのは、画期的なことであった。女官制度は上から尚侍《ないし》、典侍《てんじ》、権典侍《ごんのてんじ》、掌侍《しょうじ》、権 掌侍《ごんのしょうじ》、命婦《みょうぶ》、権 命婦《ごんのみょうぶ》という高等官、判任官《はんにんかん》の女孺《にょじゅ》、権《ごん》女孺《のにょじゅ》、そして下働きの雑仕《ざつし》、針女《しんみょう》などがいた。

高等官の尚侍から権掌侍までは華族のうちでも伯爵、子爵の子女。それも未婚で「局」と呼ばれる宿舎で生活するきまりがあった。

それらを改め、高等官はすべて女官に統一した。この職業は、身分の別なく誰でもなることができ、未婚既婚も問わず、通勤もできるようになった。

また、お搔取《かいどり》（うちかけ風の昔の宮中の仕事着）など、仕事着もすべて変革した。これには宮中でも多くの反対があった。とくに、母君である貞明《ていめい》皇后の側近の強い反対があったのを押し切っての改革だった。

実際、貞明皇后の周辺にも、夫である大正天皇のご生母、早蕨局《さわらびのつぼね》と呼ばれた柳原二位《やなぎはらにいの》局《つぼね》愛子《なるこ》のかたが存在していた。

貞明皇后が九条家から皇太子妃として十六歳で入内《じゅだい》されたときは、二人の姑《しゅうとめ》が公然と存在していたのである。

一人は明治天皇の皇后である昭憲《しょうけん》皇太后、もう一人は夫である皇太子（のちの大正天皇）の生母、柳原二位局であった。

貞明皇后は、夫である大正天皇の臨終にはわざわざ実母の柳原愛子を呼び寄せ、立ち会わせているほど心の広いかたであった。

新旧渾然《こんぜん》とした宮中に嫁がれた良子妃のご苦労は、一通りのものではなかった。

大正天皇崩御《ほうぎょ》、元号は「昭和」に

大正十三年（一九二四年）五月三十一日、皇太子ご成婚を祝う晩餐会が、当時の宮城《きゅうじょう》にあった明治宮殿で開かれ、皇族、外交官夫妻など二百五十人が招かれている。特筆すべきは、晩餐会のあと、牡丹の間で開かれた外交団だけのパーティーに、皇太子が良子妃殿下とともに出席されたことである。その際の皇太子の挨拶は、フランス語だった。「大使、私の妻をご紹介しましょう」と、誇らしげに二十二歳の夫が二十歳の新妻を各国外交団に紹介している。

皇太子裕仁親王と良子妃の新婚生活は、赤坂離宮でスタートした。摂政宮《せっしょうのみや》としての公務室も、結婚と同時に赤坂離宮に移された。お二人で朝食をすまされると、東側にある公務室へ向かう殿下を良子妃がお送りする。昼食には長い廊下を歩いて、裕仁親王はお帰りになられた。

赤坂離宮の庭は純洋式で、大きな池があり、広いテラスと今に残る大噴水がある。右手には美しい広芝があり、若いお二人は散歩にテニスに時を過ごされたという。

裕仁親王が一番お気に入りの部屋は、西南の隅の二階にあった御書房であった。御書房は現在の図書室。中央に高い天井、その頂《いただき》には明かりとりの天窓がある。壁はすべて木製でチーク材、書棚が上下両段にカーブ型につくられており、すべて木造である。

二ヵ所に階段があり、欄干《らんかん》は鉄製で、そのまま上の書棚に続く。中央のシンプルなシャンデリアが、静かな雰囲気を醸し出している。

大正十四年（一九二五年）四月十五日、「東宮妃ご懐妊」が発表された。良子妃は、裕仁親王のあたたかい愛につつまれ、出産の日を待った。赤坂離宮の庭先には、皇子誕生の吉報を待つ新聞社のテントが張られた。

「十二月六日、皇太子妃殿下ご産室に入られました」

の情報。侍医が生まれたばかりの赤ちゃんを純白のタオルに抱いた。皇女ご安産、母子ともにご健康のニュースは、即刻全国へ流された。内親王《ないしんのう》誕生を知らせる号砲が、一発響いた。

かねて男のお子さまをお望みだった裕仁親王は、内親王誕生の知らせを聞かれたが、「あっそう」とおっしゃり、さらに「女の子はやさしくていいね」とつけ加えられた。第一皇女は、照宮成子《てるのみやしげこ》内親王と命名された。

健康を害されていた大正天皇は、大正十四年の後半から、言語障害や歩行困難が加わり、衰弱は日一日と激しくなった。翌年十二月十六日には、裕仁親王は良子妃とともに静養先の葉山御用邸に駆けつけ、直接看病にあたられた。

宮城《きゅうじょう》前には東京市民が集まり、病気平癒を祈願し、明治天皇の病状悪化が知らされたときと同じような光景が見られた。

師走の二十日すぎには、生母柳原愛子も看病に葉山に向かった。十二月二十五日午前一時二十五分、大正天皇は崩御《ほうぎょ》された。

　裕仁親王は、自動的に第百二十四代天皇となり、良子妃は日本でただひとりの女性、皇后になられた。午前三時十五分、宮城の賢所《かしこどころ》で新帝践祚《せんそ》の奉告《ほうこく》と同時に「剣璽渡御《けんじとぎょ》の儀《ぎ》」が行なわれ、皇太子迪宮《みちのみや》裕仁親王は新しい天皇になった。

　元号は、書経《しょきょう》の「百姓《ひゃくせい》昭明《しょうめい》、協和万邦《きょうわばんぽう》」から、「昭和」と決定、十二月二十六日から大正十五年は昭和元年になり、新しい時代がスタートした。

　このとき、新天皇は二十五歳、新皇后は二十三歳だった。

　昭和三年（一九二八年）十一月十日、京都御所で即位の大礼が行われた。「昭和の御盛儀」といわれたこの一大イベントは、明治維新以来、天皇親政の近代化を世界に示すまたとない機会になった。

　ラジオも初めて、この即位の大礼を全国放送した。十一月十日朝、皇族がたをはじめ首相、元老、世界各国の外交団など二千数百人が参列し、即位の大礼が行なわれた。

　新天皇、新皇后としてさまざまな儀式や祝宴などを務められたお二人が東京にお帰りになったのは、十二月二十八日だった。

　あくる年の昭和四年（一九二九年）一月二十七日、良子皇后の父君久邇宮邦彦《くによし》王がお亡くなりになった。S状結腸の潰瘍《かいよう》による腹膜炎であった。このとき、皇后の父君ご危篤《きとく》の知らせに、天皇は特別の思し召しをもって、皇后に父君のお見舞いをお許しになってい る。

夫のやさしい心遣いで、皇后は熱海の別邸で静養中の父の臨終に間に合うことができた。邦彦王は、感謝の言葉とともに、娘である良子皇后に、遺言ともいうべき最後のお言葉を残されている。軍人であるだけに、日本の将来が予感されていたのである。

「時局は次第に悪化する兆《きざ》しを見せています。陛下のご心労はいかばかりかといえば、この重大な折に、この世を去ることは残念でなりません。

よろしいか。皇后というご身分の重い責任をよくわきまえられ、陛下のお心に沿うよう、お務めにならなければいけません。陛下のようなご立派なかたは、おふたかたとあらせられません。これから後、どんな苦難がふりかかろうとも、どこまでもご信頼してお仕え申し上げるように」

皇后さまは、長女照宮成子内親王ご出産ののち、昭和二年久宮祐子《ひさのみやさちこ》、昭和四年孝宮和子《たかのみやかずこ》、昭和六年（一九三一年）順宮厚子《よりのみやあつこ》各内親王とおめでたが続いたが、いずれも女のお子さまばかりだった。

皇室典範第一条に、「皇位は皇統に属する男系の男子がこれを継承する」と定められている。第一子から第四子まで女のお子さまの誕生が続いたため、一部の重臣たちは「陛下に若く健康な側室を差し上げるべきだ」など、元老の西園寺《さいおんじ》公望《きんもち》らは「皇后さまは女腹に違いないから」など、側近たちのそんな進言があとをたたなかった。

皇室関係者はもちろんのこと、国民の間にも日継《ひつ》ぎの皇子《みこ》はいつお生まれになるのか、と心配の声は高まるばかりだった。

昭和天皇は一言、「良宮でよい」と言った。しかし、何より皇后ご自身が男のお世継ぎが欲しかった。

待望の皇太子誕生

昭和八年（一九三三年）十二月二十三日、皇太子誕生は、国民にとっても待望の明るいニュースだった。この日、「午前五時十五分、皇后陛下、お産を催しあそばさる」。

師走の空には、明けの明星が輝いていた。フロックコートに身を包んだ牧野内大臣、湯浅《ゆあさ》宮内《くない》大臣、鈴木侍従長らは自宅から宮城に駆けつけた。

良子皇后は、午前六時二十分、産殿に入った。夫である昭和天皇は、御学問所二階の表《おもて》御座所《ござしょ》で待機した。

このとき良子皇后三十歳、昭和天皇三十二歳。大正十三年のご成婚以来、四たびの出産はいずれも姫宮ばかり。「早く日継《ひつ》ぎの皇子《みこ》を」と期待する国民は、そのつど期待はずれの気持ちを味わっており、なんと五度めのお産であった。

午前六時三十九分、産殿《さんでん》で元気な産声《うぶごえ》があがった。次の間に伺候《しこう》していた牧野内大臣らが産殿に入る。生まれたばかりの男の赤ちゃんが、木の香も高い檜《ひのき》のたらいで産湯《うぶゆ》をつかっている風景が目に飛び込んできた。

十年来待ちかねた皇太子の誕生だった。坂田《さかた》あきさん、梅林寺《ばいりんじ》こうさん、二人の助産婦がガーゼの肌着、白羽二重の産着にくるんで男の赤ちゃんの体重と身長を測る。体重三千二百六十グラム、身長五十・七センチ。母子ともに健やかであった。午前六時五十五分、宮内省総務課は、

「皇后陛下本日六時三十九分御分娩、親王御誕生あらせらる　宮内大臣湯浅倉平《ゆあさくらへい》」

という宮内省告示を発表。市内十八ヵ所のサイレンが一分間なり、十秒間をおいてまたサイレン一分。一度鳴れば姫宮、二度ならば皇太子と決められていた。

このサイレンで、待ち兼ねていた皇太子誕生のニュースは瞬く間に東京市民に知れ渡っ

た。内大臣、秘書官長木戸幸一《きどこういち》は、日記にこう記した。

「午前六時五十分、床中にて役所よりの電話を聴く。皇太子殿下ご誕生あらせらると。やがてサイレンの二声を聞く。遂《つい》に国民の熱心なる希望は満たされたり。大問題は解決せられたり。感無量、涙を禁ずる能《あた》わず」

新聞社は号外を出し、ラジオも全国にこの吉報を知らせた。

皇太子誕生を昭和天皇に知らせたのは、天皇の学習院初等科からのご学友、故永積寅彦《ながづみとらひこ》侍従兼皇后宮職《こうごうぐうしょく》事務官であった。

表御座所のドアをノックして中に入ると、背広姿の昭和天皇は、永積が侍医寮からのカードを読み上げるのを聞いた。

「皇后陛下には、午前六時三十九分ご分娩、親王誕生、また母子ともにご健全であらせられる」

と読み上げると、嬉しそうに「あっそうか」といわれた。駆けつけた鈴木侍従長に昭和天皇が、本当か、と念を押したのに、「確かに男子のおしるしを拝見いたしました」。その答えに天皇も侍従もどっと大笑いをしたという話が残っている。

午前八時、昭和天皇は陸軍通常礼装を着て、早速皇子室に向かわれた。皇太子の寝顔をながめ、続いて産殿の良子皇后を訪ねた。

「お上、皇太子でございました」

「うん、よかったね」

昭和天皇はベッドの皇后に微笑みながら産殿を出たが、ふたたび引き返してもう一度「よかったね」と声をかけられたという。よほど嬉しかったのだろう。

午前八時十分、昭和天皇は、御学問所に祝賀に駆けつけた皇族を集め、シャンパンで乾杯をした。総理大臣以下、外国大公使がつぎつぎに訪れ、シャンパンがふるまわれる。お祝いムードは一段と高まった。

昭和天皇の二番めの弟高松宮《たかまつのみや》宣仁《のぶひと》殿下は、当時海軍将校として、戦艦扶桑《ふそう》の主砲後部砲台長で、広島県呉《くれ》の軍港に勤務しておられた。

「十二月二十三日は、呉の町もお祝い一色でした。当時は、男の子が生まれなくてはどうにもならない、という時代でしたから。今は女の子でもおめでたいけれど」

と話す。

高松宮は艦隊勤務。丘の上の御仮寓所《ごかぐうしょ》で一人留守を守る喜久子《きくこ》妃のところにも、ここぞ皇室の出店とばかり、お祝いの提灯《ちょうちん》行列の人々が押し寄せてきた。玄関に現れた妃殿下に

「皇太子殿下ご誕生万歳！」を何度も叫んで、高々と提灯を上げて祝ってくれた。

午前七時半ごろから、東京・二重橋の前には日の丸を掲げた市民が集まり、万歳を繰り返した。午前八時五十分からひらかれた東京株式市場では寄り付きから前日より二円二十銭高の百八十円十銭の値を付け、市場は皇太子誕生のお祝い相場に沸いた。

昭和天皇は、一日に二度も三度も皇子室に顔を出された。

「これからお上がおいでになります」

という女官の声に、良子皇后は深くうなずかれ、満ち足りた様子であった。妻としての大きな責任を果たし、皇位継承者である皇太子を産むことができた。

良子皇后の母君久邇宮俔子《ちかこ》妃は、めったに喜怒哀楽を表に表さないかただが、この皇太子誕生のときばかりはにっこりと微笑まれたという。

誕生から七日めの十二月二十九日、命名の儀が行われ、第一皇子は継宮《つぐのみや》明仁《あきひと》と命名された。

称号は継宮、お名前が明仁である。出典は明治天皇の詔勅《しょうちょく》であった。

昭和天皇は、三つ折りにした和紙に「明仁」と名前を毛筆で認《したた》め、湯浅宮内大臣があらかじめ「継宮」と書いた奉書とともに蒔絵《まきえ》の文箱《ふばこ》におさめ、菊のご紋章を白く抜いた紫の袱紗《ふくさ》に包んで、鈴木侍従長に渡す。

これを鈴木侍従長から受け取った広幡忠隆皇后宮大夫《ひろはたただたかこうごうぐうだいぶ》が、竹屋《たけや》女官長に伝達。白木の三方《さんぽう》にのせられた命名の包みは、皇太子の枕元に届き、命名の儀が終わった。

このとき、東京湾の品川沖に碇《いかり》を下ろしていた海軍の三隻の軍艦から、二十一発、市ケ谷の陸軍士官学校から百一発の皇礼砲が発射され、東京の空を揺るがせた。賢所《かしこどころ》、皇霊殿《こうれいでん》、神殿《しんでん》の宮中三殿では厳かにご命名奉告の儀が行なわれ、湯浅宮内大臣が皇統譜《こうとうふ》に皇太子のお名前、称号、父母のお名前、誕生時間などを記入している。

これに先立ち朝九時、皇子室では、古式にのっとり浴湯《よくとう》の儀《ぎ》と読書鳴弦《どくしょめいげん》の儀が行なわれた。儀式を終えた皇太子明仁親王、誕生七日めの男の赤ちゃんは、白羽二重の産着を着ていた。この産着は父君、昭和天皇から贈られたもので、模様は瑞雲《ずいうん》、「十六葉 表菊《じゅうろくようおもてぎく》」の紋章が入っていた。この紋章は皇太子殿下のみで、内親王の産着には入っていない特別のものであった。

明仁親王は、生まれながらの皇太子であった。大正天皇は明治天皇の第三皇子であったし、昭和天皇がお生まれになったときは、皇孫殿下であった。明治二十二年（一八八九年）に皇室典範が定められてから、誕生時に皇太子であったのは初めてのケースであった。

養育の体制は、広幡皇后宮大夫、ご養育掛《がかり》は伊地知《いじち》ミキ女官、乳人《めのと》は野口善子《のぐちよしこ》さん、竹中敏子《たけなかとしこ》さん（補欠）であった。

親子別居が当たり前の戦前皇室の子育て

戦前の皇室の慣習は親子別居であった。子どもを両親のそばに長く置くと、養育にあたる人が親への遠慮から厳しい躾《しつけ》ができず、つい甘やかす。それでは将来国政を誤る恐れがあるという考えから、両親の手元から離して育てる習慣になっていた。

昭和天皇は明治三十四年（一九〇一年）、皇孫として生まれたが、誕生後わずか三ヵ月から麻布の川村純義《かわむらすみよし》伯爵に育てられた。

当時、東京帝国大学医学部教授と侍医を兼任し、大正天皇の健康管理を担当していたドイツ人医師アーウィン・フォン・ベルツの日記には、こう書かれている。

「このような幼い皇子を両親から引き離して、他人の手に託すという不自然で残酷な風習は、もう廃止されるものと期待していた。駄目！　お気の毒な東宮妃《とうぐうひ》（のちの貞明皇后《ていめいこうごう》）は、さだめし泣きの涙で赤ちゃんを手放されたことだろう。明治三十四年九月十六日」

ちなみに、皮膚外用薬「ベルツ水」は、ベルツ教授が発案した。

子を持つ父親となった昭和天皇は、子どもたちをできるだけ手元で育てたいと希望していた。照宮《てるのみや》、孝宮《たかのみや》、順宮《よりのみや》の三人の内親王が学習院初等科に入って、呉竹《くれたけ》寮に移るまで、皇子御殿で育てられた。昭和天皇はおそらく、自分の味わった寂しさを、わが子には味わわせたくないというお考えだったと思う。

皇太子誕生の翌年、昭和九年（一九三四年）から十年（一九三五年）にかけて、宮内省首脳部は皇太子の別居問題について幾度も会議を開いている。湯浅宮内大臣、牧野内大臣、広幡皇后宮大夫たちは、

「内親王がたと皇太子とはまったく違う。皇太子をご両親陛下の手元に長く置けば、教育上よろしくない」

としばしば別居を勧めていた。反対者はただ一人、鈴木侍従長だった。侍従長の意見は、

「まだ物心もつかぬお子さまを、両親から引き離すのは不自然ではないか。親と子の情愛

さえ解せぬ人間が、円満なあたたかい人柄を形成できるだろうか」

というものであった。親子別居の会議は、前後九回開かれたものの、意見の一致をみない。鈴木侍従長は、大宮《おおみや》さまと一目置かれ、良子皇后も姑として頭が上がらない貞明皇后と、そして元老西園寺の二人にお伺いをたてた。貞明皇后は、

「皇太子は両陛下の子にして子にあらず。そのことを申し上げて、早くお膝元《ひざもと》からお離し申せ」

と強くおっしゃった。貞明皇后の一言で、親子別居が決まったという。

昭和十年十一月二十八日、第二皇子義宮正仁《よしのみやまさひと》親王が誕生。兄になった明仁親王は、一日に幾度も皇子室に行き、枕元のおもちゃで弟をあやした。

昭和十二年（一九三七年）三月二十九日、皇太子は満三歳三ヵ月でついにご両親のもとから離れ、東宮家を創立された。その前にも、三人のお姉さまがたが皇居内の呉竹寮に移られている。当時の三月二十九日の読売新聞には、次のように書かれている。

殿下には、お雅《みや》びやかなお和服にお召し替えあそばされ、両陛下にご対面、お別れの言葉を言上あらせられた。午前十一時、お足取りも軽やかに、自動車に召さ

れ、伊地知教育掛がご陪乗《ばいじょう》。広幡皇后宮大夫、石川傅育官《いしかわふいく》以下がお供申し上げて、鹵簿《ろぼ》（行列）は粛 粛《しゅくしゅく》とご出門、同十五分、赤坂離宮東門に入った。

朝日新聞には、

新御所にお引き移りの皇太子様には、ことのほかお喜びのご様子に拝せられ、ご内苑に降りたたせたまい、お砂場などご満足気にご覧あらせられた趣き。

新聞記事は明るかったが、現実は厳しかった。何しろ皇太子さまはまだ三歳の甘えん坊である。ご養育掛の伊地知女官は、のちにこう話す。

「本当にお気の毒さまだと思いました。あのお年で両陛下のおそばをお離れあそばし、ご姉弟さまともお離れになったのですから。

それでも別に無理なこともおっしゃらず、それに石川さんなどがよくお話し申し上げられましたから、宮中にお帰りあそばしたいというようなことはおっしゃいませんでした。それだけ、よけいお気の毒さまでございました」

皇后に代わって乳を与える乳人《めのと》制度

私がかつて担当した昭和天皇崩御の番組の取材で、天皇の乳人《めのと》を務めた竹中敏子さんをインタビューしたことがある。

戦前の皇室には、かつて皇后や后《きさき》に代わって乳を与える乳人制度があった。今の天皇ご自身も、乳人制度によって育てられている。

竹中さんは岐阜県揖斐《いび》郡池田町に住んでいた。東京から新幹線こだまでおよそ三時間、岐阜羽島から車で一時間、大垣市の近くである。住まいはがっしりとした門構えの旧家であった。

眼鏡をかけ、東京ではめったに見られなくなった竹箒《たけぼうき》で玄関先をはき清めながら取材班を待つ竹中さんの姿は、昔の人にしては丈高く、百六十センチ近くはあろうか、グレーの和服を着た上品なおばあさまという印象だった。

天皇陛下がお生まれになった当時、竹中さんはすでに隣村に嫁いでおり、二十歳の健康な若い母親であった。

昭和九年（一九三四年）五月から足かけ二年、乳人として天皇陛下にお乳を差し上げた。

良子皇后ご懐妊発表と同時に、宮内省、内務省が全国的規模で乳人選びを行なった。候補に挙がった女性には、内務省が警察を使って徹底的な身辺調査を行なう。身辺調査は、本人はもちろんのこと、両親、主人の両親、両方の家系に精神障害者、犯罪者、思想犯がいないかを徹底的に調べあげる厳しい方法であった。

当時二十歳の竹中さんは、ある夜、突然実家の父親から呼び戻された。十畳の奥座敷で父親が言った。

「おまえは夫も捨て、子も捨て、出世しなくてはならない」

若い竹中さんは一瞬何のことかわからず、ぽかんと父の顔を見た。父が竹中さんの手に一枚の紙を渡す。それは辞令であった。「乳人補を命ず　宮内省」と書かれていた。

実は竹中さんは補欠だったのだが、前任の乳人が皇室にあがって極度の緊張で乳が止まってしまった。そこで急遽《きゅうきょ》、補欠の竹中さんが皇室にあがることになったといういきさつだった。

その方法はさながら赤紙一枚で戦場に立つ出征兵士と同じ、有無を言わせない一方的な決定だった。自分の子どもとお手伝いさん一人が同行。

宮城内に小さな住宅を与えられ、夫と夫の両親、自分の両親との面会は月一回だけ、という決まりだった。

「私がお乳を差し上げる時間は、夜中の二時半。お昼は皇后さまが差し上げますが、いつご用があってもよいように、詰め所で待機しておりました。

たいへん消毒が厳しい生活でございました。お乳を差し上げるときは、まず皇子御殿《おうじごてん》に入るときに着替えをして消毒、お乳を差し上げる部屋の手前のお部屋でもう一度着替えて手を消毒します。白衣に着替え、マスクをかけ、再び手を消毒しました。

それから、看護婦さんが私の胸を広げてお乳を消毒してくださいます。膝の上に白絹のお座布団を敷き、皇太子さまをおだっこ申し上げて、お乳を差し上げます。白衣に飛びついて召し上がるようなことはございませんでした。

そしてお乳をおくわえになりますと、看護婦さんが一、二の三でストップウォッチを押します。どのくらいお飲みになったか、時間を計るのです。さらには私の子どもに至るまで、検便などもございました」

昭和十年（一九三五年）春、乳人の大役を無事に果たした竹中さんは、岐阜の故郷に帰った。村の鎮守《ちんじゅ》の森にはお祝いののぼりが何本も立ち並び、「皇太子殿下の乳人」竹中敏子さんの帰郷は、さながら凱旋《がいせん》将軍を迎える賑《にぎ》やかさであった。

今に残る竹中さんの記念写真。集合写真の中心には、赤ちゃんを抱き、和服の正装の竹中敏子さん本人、左右には岐阜県知事夫妻、夫、舅《しゅうと》、姑、両親、親族一同、その他、村長以下村役場の人々など、村ぐるみの名誉とでも言おうか、戦前の国民の皇室に対する感覚が、この一枚の写真によく現れていた。

こうした乳人制度は、美智子さまの時代になって廃止された。

昭和三十四年（一九五九年）の四月十日のご成婚直後、竹中さんは旧奉仕者のお茶の会で、東京・渋谷の東宮仮御所に招かれている。竹中さんは、留め袖に丸帯の盛装だった。ふっくらとした丸顔に、大振り袖の美智子妃と、ダークスーツの皇太子との間におさまった記念写真を私に見せてくれた。

「これは私の一生の宝物でございます。お棺の中に入れて、あの世まで持ってまいります」

と、在りし日の竹中敏子さんは語ってくれた。

第四章　苦しい戦争を乗り切って

太平洋戦争が勃発《ぼっぱつ》

昭和初期の平和は、束の間であった。日本中に軍国主義の足音が響くようになった。昭和三年（一九二八年）、中国に起きた済南《さいなん》事件にはじまり、昭和六年（一九三一年）の満州事変、続く上海事変、と軍靴の響きは中国大陸に広がっていった。

ここで、皇后の新たな仕事が増えたのである。現在、皇后の公務に日本赤十字社名誉総裁がある。これは戦後の肩書で、戦前にはなかった。当時は、他の皇族が赤十字の総裁を務めていた。しかし、傷病兵の慰問や包帯づくりの仕事は、皇后を中心に、女性皇族の奉仕の仕事になっていた。

皇后が女官を相手に巻かれた包帯は、大陸の野戦病院に送られ、傷病兵の傷を守った。包帯だけではなく手持ちの衣類を集め、厳寒の地満州（現中国東北部）で働く警察官や軍人の家族に送られていた。

戦火の拡大で、犠牲者は増加の一方となり、傷病兵が帰還し、国内の陸軍病院、日赤病院に収容されるようになった。病院の見舞いや慰問も、皇后をはじめ女性皇族の仕事になり、ニュースや新聞で皇后陛下が白衣の勇士（傷病兵）をお見舞いするニュースが紹介されたものだった。

昭和十一年（一九三六年）二月二十六日、東京は十三年ぶりの大雪で一面の銀世界だった。昭和天皇は、その前日、宮城《きゅうじょう》の吹上御苑のスロープで、久しぶりのスキーをお楽しみになった。

「お上、ただいま陸軍の青年将校がクーデターを起こしました」

午前五時過ぎ、侍従の知らせで、昭和天皇はクーデターを知った。二・二六事件である。うめくように、

「とうとうやったか」

「首相官邸が襲われ、斎藤《さいとう》内大臣が殺害され、岡田《おかだ》啓介《けいすけ》首相や高橋《たかはし》是清《これきよ》大蔵大臣も襲われました」

身支度のお手伝いをする良子皇后は、つぎつぎに入る情報に、不安で胸が一杯になった。昭和天皇は、朝もやをついて御座所へ。吹上御所に一人残された皇后は、ただ神に祈るよりほかはなかった。

「鈴木侍従長邸も襲われました」

という情報に、良子皇后は心を痛めていた。

「侍従長は、体に弾を数弾打ち込まれながらも、孝夫人《たか》の適切な処置で命はとりとめたようです」

との知らせに、

「よかった。孝はよくやりましたね」

ほっとされた良子皇后。孝さんは、昭和天皇が満四歳のころから、ご養育掛として昭和天皇と秩父宮をお育てし、大正四年（一九一五年）、鈴木侍従長に嫁ぎ、良子皇后も旧知の間柄であった。

さっそくお見舞いとして、鈴木邸にスープなどを女官に届けさせている。交通は遮断され、警視庁、陸軍省、首相官邸などは反乱軍によって占拠された。昭和天皇は、

「私が自ら近衛師団を率いて鎮定にあたろう」

とさえ言われた。軍部の勢力が次第に強力になり、

「陛下は常に軍服を召されるべきである。背広をご愛用されるのは、誠に遺憾である」

という抗議が重臣から平然となされるようになった。

「天皇は神であり、皇后は神の仕人《つこうど》である」

という考えが押しつけられ、軍部は皇室を神格化し、昭和天皇が白馬にまたがり、陸軍

軍服の第一礼装で臨む観兵式での姿は、日本軍国主義を体現したものとまで言われるようになった。

昭和天皇はそれまでスポーツとして楽しんでいたゴルフもなさらなくなり、生物学研究所に出かけるのも遠慮されるようになった。当然、皇后との仲睦まじいお写真も公開禁止。かつては、ご一緒の自動車も、皇后の同乗は禁止になった。

二・二六事件の直後、昭和天皇は痛ましいまでにやつれられた。

「皇后さまがお召しでございます」

あるとき、天皇付きの侍従が呼ばれた。良子皇后は悲しそうな震え声で、

「お上はもう三晩も続けて一睡もなされないのよ。お食事も召し上がらないし。こんなふうではお体に障《さわ》ります。一日も早く、お上が安心して眠れるようにしてほしいと内大臣に伝えてください」

と言われた。妻が夜中に目を覚ますと、夫は苦しげにベッドの上で寝返りをうっている。気持ちを和らげ、眠っていただかねばとお慰めするのだが、結局夜明けまでほとんど眠らない日が続いていたのであった。

「誠に畏《おそ》れ多いことですが、一番のお力となり、お慰めとなるのは、皇后さまでいらっし

ゃいます。どうぞおしっかりなさっていただきたく、お願いします」

良子皇后の妻としての願いは、かなえられなかった。運動といえば、もっぱら乗馬であったが、乗馬も落馬の危険があるというので中止された。葉山や那須の御用邸へのお出ましもとりやめられた。

侍従がお体によいから、とゴルフをお勧めしても、集中なさらないせいだろうか、ボールはとんでもない方向に飛んでいってしまう。

昭和天皇ご自身、楽しいという感じではないので、侍従もあまり強くお勧めできなくなってしまった。ここに、良子皇后のお心のうちを表した和歌がある。

つぎつぎにおこる禍《まが》ごとをいかにせむ
なぐさめまつらむ言《こと》の葉《は》もなし

昭和十一年の世界情勢に目を転じよう。ナチス・ドイツのヒトラー総統の統治下、ベルリン・オリンピックが開催されている。

日本選手団の開会式の行進には、男子選手は全員戦闘帽をかぶっている。オリンピック映画「民族の祭典」の監督は、ヒトラーの愛人と噂されたレニ・リーフェンシュタール女史。スポーツの映像美を表現し、後世に残る作品となった。

また女子選手では、オリンピックで女性初の金メダルを取った前畑秀子《まえはたひでこ》選手の活躍が永く記憶されている。二百メートル平泳ぎ決勝で、ドイツの強敵ゲネンゲル選手を破って、前畑秀子選手は金メダルを獲得。身長百六十センチ、体重六十五キロ。特別あつらえの黒のシルクの水着で闘ったという。

「前畑頑張れ、前畑頑張れ」の放送は、日本の放送史に今日も記録されている。

昭和十四年（一九三九年）三月二日、第五皇女清宮貴子《すがのみやたかこ》内親王が誕生、その明くる年の昭和十五年（一九四〇年）四月、皇太子が学習院初等科に入学された。

東条英機《とうじょうひでき》陸軍大臣は、

「軍の士気高揚のために、皇太子を陸軍少尉に」

と要請したが、昭和天皇は強く反対された。かつて、ご自身が満十一歳で陸・海軍少尉に任官される経験があった。

「私も経験があるが、実の伴わぬおもちゃの兵隊をつくってもしょうがないではないか」

この年、日独伊三国同盟が成立した。昭和十六年（一九四一年）九月六日、対米宣戦を

決定する御前《ごぜん》会議で、昭和天皇は明治天皇のお歌、

よもの海みなはらからと思ふ世に
など波風のたちさわぐらむ

を詠み上げられ、戦争反対の意思表明をされたが、軍部に押し切られ、十二月八日、ついに太平洋戦争が勃発した。

長女の結婚に思いをはせる母心

昭和十六年（一九四一年）五月、天皇家の第一皇女照宮成子《てるのみやしげこ》内親王が東久邇宮盛厚《ひがしくにのみやもりひろ》王と婚約された。盛厚王の父上は、良子皇后の父の弟。母上は、昭和天皇の父、大正天皇の妹にあたる。いとこ同士の結婚になる。

照宮の婚約者を天皇に報告したのは、広幡忠隆皇后宮大夫《ひろはたただたかこうごうぐうだいぶ》で、昭和十一年末のことであった。そのとき昭和天皇は、

「近親結婚はなるべく避けたい」

と言われた。

「選考範囲を皇族の長男と限りましたので」と広幡皇后宮大夫が申し上げた。

「医学的には一概には悪いと申せぬそうであります。かえってよいこともあるそうなので、なんとも申せません」

「だが、何も皇族の長男と限らなくてもよいではないか」

側《そば》にいられた良子皇后に、

「良宮《ながみや》はどう?」

と昭和天皇は聞かれた。

「あまり早く決めてしまわないほうがよいように思いますけれど……。何かかわいそうな気がいたしまして……」

と良子皇后は答えられた。

成子内親王は昭和十八年(一九四三年)に学習院女学部を卒業され、その六月、東京・三番町の御仮寓所《ごかぐうしょ》で和歌、習字、ピアノ、バイオリン、生け花、料理など花嫁修業をなさっている。

このとき、マナーを指導されたのが松平信子さんであった。信子さんは鍋島直大《なべしまなおひろ》侯爵の三女。秩父宮勢津子妃の母君であり、駐英大使や宮内大臣を務めた松平恒雄夫人である。戦前の上流階級では、知らぬ者もない名門出身の女傑であった。戦後も常磐会《ときわかい》会長を務め、上流夫人を取り仕切る第一人者でもあった。

太平洋戦争がはじまって三年め、昭和十八年（一九四三年）十月十三日、照宮と東久邇宮盛厚王のご結婚式が行なわれている。

戦時中、物資も乏しい時代で、お嫁入り支度がなかなか思うにまかせなかった。十二単は良子皇后が二十年前にお召しになった紅地の唐衣《からぎぬ》に紫の表着《うわぎ》、緋《ひ》の長袴《ながばかま》を用意された。つまり、ご結婚衣装はお母さまのおさがりだったのである。

新しく調えられた訪問着は、良子皇后ご自身で、胸に富士山、裾に美保の松原などと、わが子のためにデザインを考えてお染めになった。

お嫁入り道具の中には、父君昭和天皇がおつくりになった貝の標本もお入れになった。

十月十三日、盛厚王は古式にのっとった束帯《そくたい》姿で、お付き武官《ぶかん》をしたがえ、二重橋から賢所《かしこどころ》へ参内《さんだい》した。成子内親王は、小袿《こうちぎ》、長袴姿でご両親にお別れを述べられた。

人々のお見送りを受けた内親王は賢所に入られた。午前九時、盛厚王は笏《しゃく》を、内親王は檜扇《ひおうぎ》を手にし、神前でご成婚を誓われた。

響き渡る二十一発の礼砲。結婚の儀を終えられた東久邇宮ご夫妻は、自動車で麻布の東久邇宮御殿に向かう。二重橋には皇族がたや、内親王の妹宮の孝宮《たかのみや》や順宮《よりのみや》、学習院のご学友たちが整然とお見送りされた。学友たちは皆、紫の紋付きに海老茶の袴である。

その列の中に、内親王のご学友で名門加賀百万石の前田家出身の今は亡き酒井美意子《さかいみいこ》さんが並んでいた。学習院初等科時代にはお手をつなぐ役や、おにばばごっこのお相手で長く交際された酒井さんは、上半身を直角に曲げる最敬礼をしたままで、妃殿下の晴れのお姿は拝見できなかったという。

御殿で供膳《くぜん》の儀《ぎ》をすませた後、新郎は陸軍大尉の軍服に金鵄《きんし》勲章、新婦は純白のローブ・モンタントに勲一等宝冠章をつけて宮城《きゅうじょう》に向かい、朝見《ちょうけん》の儀《ぎ》に臨んだ。

昭和天皇は軍服、良子皇后はローブ・モンタント。朝見の儀は明治宮殿鳳凰《ほうおう》の間（昭和二十年五月二十五日の空襲で焼失）で行なわれた。新郎新婦は、両陛下の前で婚儀のお礼を言上され、杯を交わされた。

お友だちを招いての披露宴は、空襲で焼けた霞ケ関離宮で行なわれた。のちに酒井美意子さんがご成婚の感想を伺うと、

「別に嬉しくも悲しくもなかったわ。お芝居をしているような気持ちだったわ。もっとも

いつもそうだけれど……」

とさめたことを言われた。感激したのは、周囲の人々だけだったのである。

酒井さんは前述したとおり、成子内親王のご学友であり、学習院初等科でお手をつなぐ役以来、長いご友人の間柄でおられた。戦前の上流社会出身者であり、当時の事情に詳しい酒井さんの代表的な著書『ある華族の昭和史』より、その一部を引用する。

成子内親王は頭脳明晰だが、常日ごろ人々からご機嫌をとられ、かしずかれて育って来られたから、低姿勢で人をもてなす術をご存じない。相手が話しかけるまで黙っておられる。そこで信子（松平信子さんのこと）は、「お客に対しては『すっかり春めいて参りましたね。鶯が啼いておりますこと』などと、こちらからお話しかけなさいませ」などと、社交のテクニックをお教えした。

内親王の婚約者東久邇盛厚王は時折訪ねて来られて、夕食をともにされる。王も社交性には乏しいが闊達な性格で、二人の間の会話は専らノモンハンの戦闘談である。陸軍砲兵中尉の王は、ノモンハン第一線部隊長として水もない草原で奮戦した。露営中のテントの近くに敵の砲弾が炸裂した時は、目の前で部下たちが斃れ、「私も、もう少しで吹っ飛ぶところでした」と、王は思い出しては昂奮する。それは二十六年のいままでの人生で最大の事件であった。

「お危のうございましたこと」内親王はその話のたびに目を見張るしかない。

王の母宮は明治天皇の第九皇女であられたから、二人は親類の幼馴染みで、昭和の初めには結婚の内約がなされ、そのとき皇后は柿の模様のついた花瓶を盛厚王にくだされ、「渋かろか知らねど柿の初ちぎり（古句）」の句を添えて幼い未来の聟君を祝われた。

昭和十六年（一九四一年）十二月八日、太平洋戦争勃発。真珠湾攻撃、マレー沖海戦など、初戦の勝利も束の間、世界中を敵として戦った日本は、三年を待たずしてすでに敗色濃かった。

昭和二十年（一九四五年）一月一日、昭和天皇は軍装での四方拝《しほうはい》が終わった後、御文庫で晴れのお膳をお取りになった。宮中のしきたりによるお正月料理である。

直径十五センチの薄い丸餅《まるもち》に、甘味噌《あまみそ》とごぼうを柔らかく煮たものをいれ、召し上がる。これをヒシハナビラという。このほか鯛《たい》の切り身とキジ酒がつく。この年のヒシハナビラの色が黒っぽかったのは、餅米《もちごめ》の質が悪くて、純白にならなかったからだ。

そこへもう一つ、お膳が白い布に包んで届けられる。それは小さな白木のお膳で、尾頭《おかしら》付きの鯛と赤飯、きんとん、二合瓶の清酒が添えてあった。このお膳には、口上が添えてあった。

「連日のごとく出撃している特攻隊員に対し、その壮途にはなむけて出す料理でございます」

昭和天皇と良子皇后は、長いことこの料理をご覧になっていたという。前年の秋、十月二十八日、敗色濃いフィリピンでは、神風特別攻撃隊が出撃している。敷島隊の関行男大尉以下、四人の特攻隊出撃を聞かれた昭和天皇は、

「そのようにまでせねばならなかったか。しかし、よくやった」

とおっしゃったという情報があるが、昭和天皇の最後の一言「しかし、よくやった」というのは本当は「遺憾《いかん》に思う」だったらしい。

しかし、あとに続く者の士気を考え、軍令部か現地軍のどちらかで勝手に変えたとの説がある。

これについては、当時のジャーナリスト高木俊朗《たかぎとしろう》氏の著書『知覧《ちらん》』のあとがきに記載されている。

特攻隊へのはなむけの料理をご覧になった、昭和天皇と良子皇后のお気持ちはいかばかりであったろう。国に殉じ、死に旅立つ若者の心を思うと、胸がつまる思いがする。

例年ならば、元日は華やかな新年祝賀の儀もあるが、この年はとりやめになり、防空壕と兼用の御文庫で迎えられた。御文庫の南面には、枯れたすすきが群生している。特攻隊が出撃したフィリピンのマラバカット基地も、すすきの白い穂に覆《おお》われていたという。

昭和二十年三月九日、十日、東京大空襲。中部太平洋のサイパン、テニアン、グアムの飛行基地を出発したアメリカのB29およそ五百機が、東京下町を空襲した。焼夷弾《しょういだん》による被害は大きく、四時間に十万人もの焼死者がでている。

このとき、東久邇成子さまは、長男信彦王を出産なさった。昭和天皇、良子皇后にとって待望の初孫であった。

生まれた場所は、何と自宅の防空壕の中であった。宮内省発表「盛厚王妃成子内親王殿下には本日一時二十分港区麻布六本木一　鳥居坂御殿にてご分娩。王ご誕生あらせらる」暗い時代の唯一の明るいニュースであった。

良子皇后は嫁いだ娘のため、少ない物資の中から栄養になるものを用意して女官に届けさせ、とくに言付けをしている。

「赤ちゃんは昼間、空襲のないときは、母屋のほうがよいと思う。防空壕は空気も悪いから、気をつけるように。よく医者と相談して」

本来ならば飛んでいって手助けをし、初孫を抱きたかったろうに。皇后という特別の立場では、そんなことはできない相談であった。のちのテレビ取材で、銀行員の東久邇信彦氏はこう話す。

「私は三月十日、自宅の防空壕の中で生まれたことを、母から聞きました。そして、母と私の出産の世話をしてくれた塚原さんというお医者さんの一家は、自宅も焼け、家族も全員焼け死んでしまいました」

三人の内親王は栃木県塩原へ疎開され、二人の親王、皇太子と義宮《よしのみや》は日光へ学童疎開をしていた。

あまりにも早すぎた死

昭和三十六年（一九六一年）七月二十三日、第一皇女東久邇《ひがしくに》成子《しげこ》さんは、がんのため宮内庁病院で亡くなられた。成子さんが病に伏せるようになってから、良子皇后のご心痛はひとかたならぬものであった。

最初は東京都新宿区若松町の国立第一病院に入院されていたのだが、母としての看護は皇居から近いほうがよい、ということで、宮内庁病院にわざわざ転院されたのだった。宮内庁病院に移られてからは、良子皇后は、毎朝スープやご自分で育てて咲かせたバラの花束を持って、成子さんのお見舞いに通われたのである。

その情愛の深さは、周囲の人々を感激させた。両陛下は、亡くなられる前日の午前九時から翌日午前三時まで、成子さんの枕元につきっきりで看病された。お付きの人々が、

「少しお休みになったら」

と勧められたが、枕元から離れようとなさらなかった。良子皇后は、成子さんの脈が最後に全くなくなるまで、娘の手を握り締めておられた。死に化粧も、涙を拭《ぬぐ》いながらご自身でなさり、周囲の人々の涙をそそった。

『入江相政日記』を引用する。

七月二十一日（土）晴れ

（中略）照宮さまのご容態がおかしいとのこと。九時十五分、両陛下病院にお供する。昨夜十時から、出血がお止まりにならず、零時ごろからは、ぶっ続けの輸血。（中略）午後またお供して行く、段々ご容態は悪く、夕方はお難しいというようなことだったが、よくお保ちになる。酸素テントが良くて、非常にお楽らしい。長官、東宮職の人達その他すべて集まり、ご親族のご看護もお手厚いことである。

亡き東久邇成子さんのお印は、「紅梅」であった。良子皇后は、そのお印の木、紅梅を、東京文京区の豊島が岡墓地の成子さんの墓所の入り口に植えられた。

成子さんのご学友、前述の酒井美意子さんは、

「ご葬儀にお伺いしましたが、祭壇に綬と勲章がございました。長くお付き合いさせていただきましたが、貴婦人という言葉は成子さまのための言葉だと思います。五人のお子さまを残され、さぞ心残りでいらしたのでは……」

と涙ながらに語った。

お子さんは信彦《のぶひこ》、秀彦《ひでひこ》（壬生《みぶ》基博《もとひろ》氏）、眞彦《なおひこ》、文子《ふみこ》、優子《ゆうこ》さんの五人。成子さんはさぞ心残りであったことだろう。

良子皇后は、事あるごとに五人の孫を吹上御所や那須御用邸にお呼び寄せになって、ご両親の代わりをなさった。また、お子さまがたにクッキーやパイをつくっては、よくお土産に差し上げたという。

五人のお子さんがたは立派に成長され、長男信彦氏は慶応義塾大学を卒業後、銀行員として海外駐在などもされ、両陛下の曾孫東久邇《ひがしくに》征彦《まさひこ》ちゃんをもうけた。

疎開先のわが子を思う

良子皇后の疎開学童に賜りたるお歌がある。

つぎの世を背負ふべき身ぞたくましく
正しくのびよ里にうつりて

この和歌は、作曲されて全国津々浦々の国民学校で学童たちによって歌われた。私も学校で歌った記憶がある。

「疎開はお国のため」というスローガンのもと、国民学校三年生から六年生までの幼い子どもたちが親元から離れて、戦火をさけて郊外や田舎で生活する方法がとられた。

当時、学校ぐるみの疎開を学童疎開、つてを頼って田舎の親類等に世話になることを縁故疎開といった。

皇太子と義宮《よしのみや》が在籍した学習院初等科五年と三年の疎開先は、栃木県日光であった。疎開先のわが子を思う皇后良子さまのお歌をご紹介する。

み山なる宮に送らむ夏衣
にはかにたけものびぬとぞきく

日光の金谷《かなや》ホテルで、皇太子と義宮は、集団疎開の生活を体験している。皇太子も義宮も朝六時起床、ラジオ体操、朝礼、食事は学友たちとともになさった。食事前に、「箸《はし》とらば、天土御代《あめつちみよ》の　御めぐみ　君と親とのご恩味わえ」と唱え、全員で「いただきまあす」と言って、朝食がはじまるのだった。

当然のことながら、食糧は不足してきた。三度三度の食事とおやつの中身は、幼い小学生たちの最大の関心事だった。

十歳の皇太子は学業の合間に、園芸大会や芋掘り、遠足など、男の子の集団の中で元気な生活を送っていた。数ヵ月に一回の父兄面会日には、もんぺ姿の母親たちが食料をかき集めて疎開先にきた。

束の間の再会に、子どもたちは疎開の辛さを訴えたものだった。このとき皇太子は、親が訪ねてこられず寂しそうであった。

雪そりにおもてをそめていさみたつ
宮のすがたまなかひにみゆ

疎開先のわが子を思う良子皇后のお歌である。

年が明けて昭和二十年、氷点下の寒気の中で、皇太子は日光でスキーを楽しんでいた。

天皇、皇后もたびたび疎開先の子どもたちに手紙を書き送っていた。三月六日、かつては地久節《ちきゆうせつ》といわれた皇后の誕生日であった。

皇后が、寒い日光で疎開生活に耐えているわが子に送った手紙が今に残っている。

ごきげんよう　お手紙をありがとう　いつもいつもお元気で　ほんとに　うれしく思います　この冬は東京では味うことのできない零下十七度　とかいう寒さの中で　元気に雪道をご通学のことをきいて　ほんとうにうれしく　又　感心していまず

もう寒さもすこしはゆるんだでしょう　しもやけのできないのはふしぎですね　スキーが大そう　ご上達のようですね　石川（御用掛《ごようがかり》）からもお話をききましたかじをとりながら細い道をすべれるようになったら　どんなにおもしろいでしょう　これも　東京では出来ないよいけいけんでしたね　皆は上手になりましたか　村井（侍従）はできるそうですね

俳句や歌を拝見しました　いつのまにかいろいろできるようにおなりになりましたね　たたもちょっとまねがしてみたくなって　都にもつららさがれり雪の朝　としてみましたが　でたらめよ

戦争も　なかなかはげしくなってきて　日々　空襲がありますが　元気にしていますから　安心して頂戴《ちょうだい》

どんなにこんなんになっても　皆で元気にがんばりましょう

どうかくれぐれもお体を大事にして　ますます丈夫におなりになるように　祈っています　お書初は大そうりっぱに拝見しました　もうしばらく拝借して　ゆっくり拝見したいと思います

では　さよなら

母より

東宮へ

昭和二十年、今に残る皇太子の書き初めがある。「敵国降伏の春」。元気いっぱいの初等科六年生の書体であった。良子さまは、日光から東京に届けられた書き初めを見て、

「たいそう立派なお書き初め……、しばらくゆっくり眺めていたい」

と言われたという。

このとき、未来の皇太子妃となる正田美智子さんは、長野県軽井沢の正田家の別荘に母正田富美子さん、二女恵美子さん、まだ赤ちゃんであった二男正田修氏、美智子さんの父の弟正田順四郎《じゅんしろう》夫人郁子《いくこ》さん、長女紀子さんの二家族で疎開生活を送っていた。

そのころの美智子さまは

皇后美智子さまは今春、御成婚四十周年をお迎えになった。豊かな語学力と人間性で話題になったのは、平成十一年（一九九九年）九月、インドで行なわれた講演である。

この講演は『橋をかける―子供時代の読書の思い出』として出版され、ベストセラーになった。

その内容は、疎開生活の中で父正田英三郎氏が持って来てくれた貴重な本が背景となっている。

文中、

「度重なる移居と転校は子供には負担であり、異なる風土、習慣、方言の中での生活には、戸惑いを覚えることも少なくありませんでした……（後略）」

と具体的に触れていられる。

美智子さま御歌

疎開児のわれを焚火に寄せくれし

かの日の友ら今に懐かし

戦時中は神奈川県の鵠沼《くげぬま》、群馬県の館林《たてばやし》、軽井沢と三度の疎開を経験された美智子さまは、終戦を軽井沢で迎えられた。

昭和二十年（一九四五年）も明け、沖縄、硫黄島も玉砕。日本の敗戦は明らかであった。B29が、サイパン島からダイレクトで相模湾《さがみわん》に侵入してきた。

鵠沼の日清製粉の寮に疎開していた正田家の一族は、美智子さまと弟の修さん、妹の恵美子さんと母富美子夫人、そして父かたのいとこである紀子さんと母の郁子夫人との共同生活であった。

英三郎夫人富美子さんは正田家の三男の嫁。紀子さんの母上が順四郎夫人郁子さんで四男の嫁。そろって雙葉《ふたば》高女の出身、美智子さまと紀子さんは一歳違いのいとこ同士であった。父英三郎氏、兄厳さん、叔父順四郎氏らは東京にいて、家族は離れ離れという状況だった。

正田家の人々はB29に追われるようにして、館林に再疎開した。館林には正田の本家があり、あたたかく迎えられた。

美智子さまは館林南国民学校に転入し、お友だちとの会話は上州の〝べえべえ言葉〟をよく使った。「そうだんべえ」「なんとかすべえ」。美智子さまは東京の言葉にまで「べえ」をつけて「行くべえ」というのを、「行きましょうべえ」などと話された。

幼き日の美智子さまは、地元の子どもたちとユーモラスなお手玉の歌を口ずさみながら遊んだ。

「おいこのもんだい、どうしたもんだい、おさけのもんだい、おつぎはおんにこにことわらわっせ、おさんこ、さけでものみなっせ」

美智子さまが得意としたのは竹馬だった。竹馬を練習して次第に高くしていき、最後に片足で飛び歩いて片方の竹馬を担ぐ「兵隊さん」のきめ技も難なくこなし、なかなかのオテンバさんだった。

家族がバラバラになる寂しさ

終戦直前の六月、正田一族の女性と子どもたちは軽井沢に疎開した。

別荘の庭の桑の木には親子の山羊《やぎ》がつながれており、親山羊をマコちゃん、子山羊をチコちゃんと名づけていた。

私はこんなことを思い出した。平成十一年夏、秋篠宮ご一家の軽井沢での夏休み風景を映像で見た。

その折、すっかりお嬢ちゃまらしくなった天皇家の初孫真子《まこ》ちゃまのお名前から、半世紀前、軽井沢で疎開生活をされた皇后さまの幼き日を思い出した。――たしか、親山羊がマコちゃんだった。

家族そろって夏休みを過ごせる平和のかけがえのなさ、それを美智子さまはご自分の疎開経験から身にしみてご存じなのである。

美智子さまは、疎開時代の本との出会いをこう話された。

「教科書以外にほとんど本のなかったこの時代に、たまに父が東京から持ってきてくれる本がどんなに嬉しかったことか。（中略）父がくれた神話伝説の本は私に個々の家族以外にも民族の共通の祖先のあることを教えたという意味で、私に一つの根っこのようなものを与えてくれました。本というものは、子どもに根っこと翼を与えてくれるもののようです」

教育熱心だった、亡き父上正田英三郎さんへの感謝の気持ちを表現していられる。

皇室に嫁ぐ予感

聖心女子大学で英文学を専攻された美智子さまは、卒業論文にはゴールズワジー研究『フォーサイト家、物語における調和と相剋』を英文で書き上げた。

近代的な教育を受けた令嬢が日本一の旧家、天皇家に嫁がれ、幼き日に『古事記』や『日本書紀』、『常陸《ひたち》風土記』から採話された「倭　建　命《やまとたけるのみこと》と弟　橘　比売《おとたちばなひめ》」に着目されたことは、やがて皇室に嫁ぐ予感とでも言おうか、何か運命的なものが感じられてならない。

景行《けいこう》天皇の皇子、倭建はまたの名を小碓命《おうすのみこと》と言い、武勇に優れた皇子であった。

建は蝦夷《えぞ》征伐の折、相模の三浦半島と房総半島を隔てる東京湾の浦賀《うらが》水道（走水《はしりみず》）を航行中、嵐にあう。お供の愛妃弟橘が、

「私が身代わりとなって海神の怒りを鎮めましょう」

と夫の仕事の成功を祈って嵐の海に入水した。死の直前、弟橘の脳裏に去来したものは、建の愛ある行動だった。

駿河路の焼津《やいづ》（現在の静岡の西）で敵の火攻めにあったとき、建は神剣草薙《くさなぎの》剣《つるぎ》で身を挺《てい》

して弟橘を守ってくれた。

妃の祈りが通じ、嵐はやんだ。やがて建は蝦夷を平定し、陸路を武蔵から相模の足柄山《あしがらやま》にさしかかった。頂上で振り返って見ると、相模の海が白く光って見える。いきには弟橘とお二人だった。

海神の怒りを鎮めるため犠牲になった弟橘の愛ある行動を思い、建は「あづまはや」と嘆息された。その意味は、「わが妻よ」ということだが、東国を「あづま」と言うのは、これが始まりだという言い伝えがある。

小学生だった正田美智子さんは、建と弟橘の物語から、愛には畏れと犠牲が伴うことを学ばれた。

それが自己確立の第一段階、つまり「根っこ」の部分になったと考えられる。

ちなみに、私の建と弟橘の物語との出会いは、『少年国史物語　第一巻　神代・大和・奈良・平安』（前田晃著、昭和十五年、早稲田大学出版部発行）の六十二ページの「日本武尊《やまとたけるのみこと》の西伐東征」だ。

当時の子ども向けの本としては立派なハード・カバーで、日本画風のイラストがあった。みずらに結い、神剣を持った倭建の姿が描かれていた。秋田行きの疎開荷物には、

『少年国史物語』全七巻が入っていた。「翼」の部分に注目してみよう。これも父上が疎開先に届けた本の中にあった。五七五七七の定型、春を告げる歌——特定されてはいないが、『万葉集』の志貴皇子《しきのみこ》のお歌ではないだろうか。

石《いわ》ばしる垂水の上のさ蕨の
萌え出づる春になりにけるかも

に違いない。

「和歌」と美智子さまの出会い

究極の宮廷文化「和歌」と美智子さまの出会いは、昭和三十四年（一九五九年）一月十九日だった。

三番町の宮内庁分室で、今は亡き五島美代子《ごとうみよこ》師が正田美智子さんに初めてお目にかかった。実は、この前に皇太子殿下から浜尾侍従を通じて、

「歌については何も知らない。全くの初心者だから、よろしく頼む」

と美代子師にお言付けがあったという。美代子師は美智子さまの第一印象を歌に残した。

うちらよりかがやきてりてもの学ぶ
おとめみづみづし一途なる面

正田美智子さんの、これまでの皇族妃にはないあふれんばかりの健康美。未知の世界に、命懸けで取り組もうとなさるひたむきな姿勢。美代子師は美智子さまに、

「歌をつくるのに虚飾はいらない。恥ずかしくとも苦しくとも、ありのままの自分を神の前にさらすような気持ちでお歌いにならなくてはならない。

ご身分を忘れ、人聞きのよいように上手な歌をつくろうなどとは思わず、醜《みにく》いところも神に懺悔《ざんげ》するような心でお歌いにならなければならない。

そして、お歌には美しい調べが大切……」

と万葉や古今の古歌を教えられた。若き日の美智子さまは、師の、

「一日一首、百日の行」の特訓に耐えた。

平安の昔、妃が初めて東宮御所にあがるとき、東宮から贈られたお歌一首に対し、返歌する儀式、艶書《えんしょ》の儀があった。

若き日の美智子さまは、万感の思いを込めて、こう詠まれた。

たまきはるいのちの旅に吾を待たす
君にまみえむあすの喜び

「たまきはる」は命の枕詞。皇室という未知の世界ではじまる結婚生活、その心もようを「いのちの旅」と表現なさった。お歌の心こそ、ご自身を高みに飛ばす「翼」ではないか。

いくつもの危険をクリアして

歌集『ともしび』や『瀬音』には、美智子さまの思いのたけが詠みこまれた、人間らしいお歌を拝見できる。

若菜つみしかにそむ我が手さしのべぬ
空にあぎとひ吾子はすこやか

このお歌からは、健やかにお育ちになった浩宮さまと若き母美智子妃の、ほのぼのとした美しい情景が伝わってくる。

女性は第一子を出産し体が回復したときが、人生でもっとも美しいときだ。ちょうどそんな時代に、美智子妃が詠まれたお歌だった。

私が美代子師を取材した、紙が黄色くなった古いメモが残っている。

「空に『あぎとひ』というのは、万葉の古語です。小さな子どもがお母さまにあれこれ言って甘えている様子を意味しているんですのよ」

美代子師は、愛弟子《まなでし》のお歌の筋のよさを、わがことのように喜びながら語ってくれた。

女性の歌には、長い人生の間に幾度かの危険な時期がある。娘時代によい歌をつくる勉強家が、結婚すると突然つくれなくなる。

周囲の無理解や、満たされた環境に憧れをなくすためなど、人間も生き物なのである。

母となって、わが子の顔を見た途端、ケロリと歌など忘れてしまう女性もいる。

「美智子さまは、女の作歌のいくつもの危険を巧みにクリアされた」

と美代子師は語った。

幾光年太古《たいこ》の光いまさして
地球は春をととのふる大地

地球を星とお見立てになった美智子さまの近代的なセンス、スケールの大きさ。平成の皇后さまに相応《ふさわ》しいお歌として長く記憶にとどめておきたい、私の大好きなお歌である。

東京大空襲で東京が焦土《しょうど》に

昭和二十年（一九四五年）三月十日の東京大空襲から八日後の三月十八日早朝、昭和天皇は下町一帯を視察された。

天皇が宮城《きゅうじょう》の外へ出られたのは、およそ五ヵ月ぶり。深川の富岡八幡宮で内務省や警察幹部などと焼け跡に立ち、被害状況の説明を受けられた。

神社は警官に守られ、国民は入ることができなかった。昭和天皇は、お供の藤田尚徳侍従長におっしゃった。

「関東大震災のときは馬で市中をまわったが、何もかもきれいに焼けていたから、それほど無残には見えなかった。しかし今度は遥《はる》かに無残だなあ。コンクリートの残骸が残っているし胸が痛む。悲惨だね。侍従長、東京も焦土になったね」

お供の者たちは、もし途中で空襲があったらと、それぱかり心配していた。昭和天皇の一行は、午前十時に皇居に戻った。三月中旬には、硫黄島が玉砕した。

当時の良子皇后のお歌を、紹介しよう。

みこころを悩ますことのみ多くして
わが言の葉もつきはてにけり

宮城の明治宮殿が焼けたのは、昭和二十年五月二十五日。サイパン、テニアン、グアムの基地を飛び立ったB29五百六十機が来襲、焼夷弾による絨毯《じゅうたん》爆撃を行なって、明治宮殿は空襲のため焼失。

出火三十分後には宮殿のすべてに火が回って、火が消えたのは午前五時であった。消火に当たった皇宮警察官、警視庁特別消防隊員、近衛兵三十四人が焼死した。

昭和天皇と良子皇后は、十一時前にはそろって宮殿の焼け跡をご覧になられた。良子皇后は、ときどき立ち止まっては棒で瓦礫《がれき》をひっくり返された。焼け焦げた人形が出てくることもあった。お供の女官が焼け跡を見て、

「敵の飛行機が来たって、軍は一向に攻撃もおできにならない。男らしいことはおっしゃるのにやられっぱなしね。これで勝てるのかしら」

と大声で話し、警備の人々をはっとさせた。

昭和二十年八月、敗戦

八月十四日、吹上御苑の地下にあった大本営《だいほんえい》で最後の御前《ごぜん》会議が開かれた。

昭和天皇は白手袋で流れる涙を拭《ぬぐ》いながら、

「私は世界の現状と国内の事情とを十分検討した結果、これ以上戦争を続けること

は無理だと考える。（中略）このさい先方の申し入れを受諾してよろしいと考える。どうか、みんなもそう考えてもらいたい。（中略）自分はいかになろうとも、万民の生命を助けたい。このうえ戦争を続けては、けっきょくわが国がまったく焦土となり、万民にこれ以上苦悩をなめさせることは私としてじつに忍びがたい。祖宗《そそう》の霊にお応えできない。和平の手段によるとしても、もとより先方のやり方に全幅の信頼を置きがたいのは当然であるが、日本がまったくなくなるという結果にくらべて、すこしでも種子が残りさえすれば、さらにまた復興という光明も考えられる。（中略）このさい私としてなすべきことがあればなんでもいとわない。国民に呼びかけることがよければ私はいつでもマイクの前に立つ……」

この夜、翌十五日正午に放送される戦争終結の詔勅の録音が行なわれている。録音が終わった昭和天皇は、

「もう一度やり直そう」

と言われた。この録音盤をめぐって一部の兵士たちが宮城《きゅうじょう》に入ったが、失敗して、録音盤は無事地下室から放送局に運ばれた。

昭和二十年八月十五日正午。昭和天皇は小型ラジオのある会議室で、ただ一人目を閉じて玉音《ぎょくおん》放送を聞かれた。やがて御文庫に帰られた昭和天皇は迎えに出られた良子皇后に、

「良宮はラジオを聞いたかね」

「はい」

御文庫に戻られた昭和天皇のために、良子皇后はありあわせの材料でホットケーキを焼いて差し上げたという。

絶え間なく続いた空襲もやみ、ようやく安らぎの日が戻ってきた。思えば太平洋戦争末期、東京も空襲が激しくなった。

空襲警報が出ても、昭和天皇はすぐには防空壕へお入りにならない。それは、お支度の長い皇后を待っておられるからであった。この日を境に煩《わずら》わしい空襲から、ようやく解放された。昭和天皇のお歌をご紹介しよう。

爆撃にたふれゆく民の上を思ひ
いくさ止めけり身はいかならむとも

涙の玉音《ぎょくおん》放送

皇太子明仁親王は疎開先の奥日光、南間《なんま》ホテルの一室で終戦の玉音放送を聞かれた。ラジオを通して聞こえてくる父の声は山の中で受信状態がひどく、どうしても父の声とは思えない、あまりの違い方であった。

穂積東宮大夫《ほづみとうぐうだいぶ》や石川御用掛《ごようがかり》は皇太子と一緒にラジオを聞きながら涙にむせんでいた。このとき皇太子は十一歳八ヵ月の少年であった。

「耐えがたきを耐え、忍びがたきを忍び……」

切々と訴えられた昭和天皇の心の内は、いかばかりであったろう。良子皇后は、疎開先のお子さまたちの様子を心配なさって、ときどき女官を奥日光にやり、皇太子と義宮の疎開生活を報告させていらした。

当時は、終戦に反対する将校たちが奥日光の皇太子を奪って徹底抗戦を進めている、などという情報もあり、側近たちは、いざというときには皇太子をおんぶして逃げることも準備したという。幸い、これは杞憂《きゆう》に終わった。

東京の両陛下は八月十五日以後も吹上御苑の御文庫で生活をしておられた。

御文庫とは、昭和天皇と良子皇后の防空壕と住宅を兼用してつくられたもので、空襲が激しくなった昭和十九年（一九四四年）冬、昼夜兼行の突貫工事でつくられた。

空襲を避けるためと、スパイ対策から「御文庫」という名前がつけられた。真冬の工事だったせいか、コンクリートの材料に湿気が多く、健康にもさまざまな悪影響が出ていた。

ことに更年期であった良子皇后は、この御文庫での生活で体調を崩されてしまった。地下の調理場は、料理人が酸欠のため頭痛を訴え、しばらく使用を中止したというほどひどいものだった。

当時の田島宮内府長官が、

「新しいお住まいを」

と昭和天皇に申し上げたが、

「引き揚げ者や戦災者の生活はもっとひどかったよ」

と言われ、お許しにならなかったという。

八月二十八日、日本の占領がはじまった。マッカーサー元帥が大型輸送機バターン号で厚木に降り立った。同じ八月三十日、良子皇后は日光にいる皇太子殿下に手紙を書かれた。

ごきげんよう　日々　きびしい暑さですが　おさわりもなく　お元気におすごしのことおめでたく　およろこびします　長い間　おたずねしませんでした　この度は天皇陛下のお声をおうかがいになったことと思いますが　皆　国民一同　涙をながして伺い恐れ入ったことと思ひます

おもうさま　日々　大そうご心配遊しましたが　残念なことでしたが　これで日本は永遠に　救われたのです

二重橋には毎日　大勢の人が　お礼やら　おわびやら　涙をながしては　大きな声で申し上げてゐます　東宮さんも　日々　米英撃滅ですごしていらしたでしょうから　どんなにかどんなにかご残念なことと思いますが　しかし　ここが辛抱のしどころで　大詔《たいしょう》に仰せになったことをよくよく頭に入れて　まちがいのないようにしのぶべからざることをよくよくしのんで　なお一層　一生懸命に勉強をし体を丈夫にして　わざわひを福にかえて　りっぱなりっぱな国家をつくりあげなければなりません

東宮さんもこのたびは東宮職が出来て　大夫はじめ　そろって　おつとめするよ

うになったことを　心からおよろこびします
穂積（東宮大夫）はご承知でしょうが　東宮さんのお生まれになる前から　毎週一度ずつ　いろいろのおはなしをして　きかせてもらっていました　いいお話をいろいろ　してもらったらいいでしょう
このごろは奥日光の方で又　変わったところでおすごしですね　学生とも一緒にいろいろしていらっしゃるのでしょう　沼津（以前の疎開先）の時のようなのでしょう
おひるねも　ありますか　昨年はできないで　おこまりでしたね
こちらは毎日　B29や艦上爆撃機　戦闘機などが縦横むじんに大きな音をたてて朝から晩まで飛びまわっています　B29は残念ながらりっぱです
お文庫の机で　この手紙を書きながら頭をあげて外を見るだけで　何台　大きいのがとおったかわかりません　しっきりなしです
ではくれぐれもお大事に　さよなら
三十日午前九時半　たゝより
東宮へ

九月二日、米国戦艦ミズーリ号上で、日本は降伏文書に調印。十一日、東条英機元首相以下、三十八人の戦犯容疑者が逮捕された。

九月二十七日、御文庫の玄関に立たれた昭和天皇は皇后のお見送りを受けて赤坂のアメリカ大使館にマッカーサー元帥を訪問された。

占領軍の最高司令官のもとに向かう夫を送り出す皇后の気持ちは、いかばかりであっただろう。

当時、昭和天皇は食事中に箸《はし》を手にされたまま考え込まれることが、しばしばあった。食欲もない。良子皇后は、母親がわが子をさとすように、

「どうか、お召し上がりになってください。お食事が進まなくては、お体に障りますよ」

と励まされていた。深夜寝られず、ひとりごとをつぶやきながらベッドのまわりをぐるぐる歩き回られていた昭和天皇。

「天皇批判」の声が敗戦と同時に国内、国外から沸き起こって戦争責任や退位の問題など日本の天皇を巡ってさまざまな論調があった。

「もし退位したら」

ふと洩《も》らす昭和天皇の声を聞かれて良子皇后は、はっとして、お顔を見られた。昭和天皇は淡々と、

「もし国民が望むなら……」

とも言われた。良子皇后は夫の苦悩を少しでもやわらげることができれば、と考え続けておられた。

待ちに待った子どもたちとの再会

昭和二十年十一月七日、皇太子と義宮《よしのみや》は奥日光から東京へ帰られた。列車が荒川の鉄橋を渡ると、窓から見える東京は一面の焼け野原だった。

「ああ、こんなにもひどかったのか」

と皇太子は眉《まゆ》をひそめ、上野駅に到着された。八日の朝、皇太子と義宮は両親と一年六ヵ月ぶりに再会された。この日の夕食は親子水入らずで疎開の報告に良子皇后はいちいちうなずきながら、たくましく成長した二人の男の子に目を細めていられた。

昭和天皇のご希望で、この夜は皇太子と義宮は御文庫にお泊まりが決まった。普段は使っていなかった花蔭亭《かいんてい》を掃除されて、二人の子どもの泊まる準備を女官に指示される皇后

は、久方ぶりに華やいでいられた。

当時、皇后は畑を耕し、さつまいもをつくっていられた。また鶏を飼って卵を生ませたり、キバナノバラモンジンなど食べられる野草を摘んで大膳（宮中の料理所）に下げ、食卓に出されている。昭和天皇と良子皇后の食膳は七分づき米七、麦三の割合だった。代用食も多く、うどんやパン、いも類などもよく食べられていた。

宮内省は千葉県三里塚の御料牧場に広い農場を持っていたから、もう少しよい食事を出すことはできたのだが、昭和天皇と良子皇后は国民と同じものを食べると言って聞かれなかったという。

それに天皇は、良子皇后の畑で取れたさつまいもが大好物であった。両陛下のお住まいに皇子が泊まる。これは、皇室の前例になかった異例のことであった。その夜、御文庫の浴室で皇太子が湯船につかっていると、皇后が嬉しそうに様子を見に来られ、

「どう、ぬるくない」

とおっしゃりながら右手を腕まくりして、湯加減をみられた。それから昭和天皇も浴室の戸をガラリと開けて、

「やあ、入っているね」

と声をかけられた。久しぶりの団欒《だんらん》に昭和天皇も皇后もよくお笑いになり、良子皇后にとって、ようやく母としての喜びが戻って来たのだった。皇太子は、お休みになるとき、

「お泊まりって本当にのんびりするね」

と、しみじみおっしゃって、御文庫に三泊もされ赤坂離宮に帰られた。この月の末には栃木県塩原の疎開先からお姉さまの孝宮《たかのみや》、順宮《よりのみや》、妹の清宮《すがのみや》、三人の内親王も東京に戻られた。ようやく東京に家族がそろったのは、昭和二十年十一月のことであった。

大鶴の導くままにわが行けば
御所の焼け跡に出にけるかな

その年のクリスマスも過ぎた年末、赤坂離宮の庭で六年生の皇太子が遊んでいると、大きな鶴が一羽現れた。戦前から貞明《ていめい》皇后が放し飼いにされていた鶴だった。あの空襲の中でも生き延びていた鶴が、冬の陽射しの中を歩いて行く。そのあとについて行くと、青山御所の焼け跡に出た。豊かな感性あふれる歌である。

決意のマッカーサー元帥との対面

昭和二十年九月二十七日午前九時五十五分。昭和天皇は仕立てのよいモーニングを着て御文庫から出て来られた。天皇のシルクハットを持つ良子皇后。玄関で、良子皇后は一旦シルクハットを置き、靴べらを取って昭和天皇に手渡された。

靴を履かれた昭和天皇に、良子皇后は、

「ごきげんよう」

と言って挨拶し、送り出される。昭和天皇は黒塗りの自動車の後部座席に乗り込んだ。それから侍従長、運転手、警護の三人。二台めの車には宮内大臣と侍従が乗った。侍従は、皇后からマッカーサー夫人に贈られる大きな花束を手にしていた。これは新宿御苑の温室から皇后が特に届けさせた蘭の花であった。

皇后からマッカーサー夫人への花のプレゼントについては、実は宮中でもさまざまな反論があった。「一司令官の夫人に花を贈る必要はない」という反対論に対し、「第一印象をよくしておくほうがよい」という論理が勝ち、蘭の花束が用意された。

勝者の連合国軍最高司令官は、現実の統治者であり、敗者の代表である昭和天皇としては無視することはできなかった。

御文庫を出発、半蔵門を出た車はわずか二台であった。この訪問は非公式ということで、道筋には一人の警官も出ていなかった。

昭和天皇のマッカーサー元帥訪問は、吉田茂《よしだしげる》外務大臣が先方の意向を打診しており、「歓迎する」という返事を得ていたので実現したものであった。

やがて、車はアメリカ大使館に到着。通訳の奥村勝蔵《おくむらかつぞう》御用掛《ごようがかり》ただ一人がお供をして、二階の会見室に通された。マッカーサー元帥は昭和天皇に歩み寄り、

「ユア・マジェスティー（陛下）」

と挨拶され、天皇は、

「私は戦争を遂行するのに当たって、日本国民が政治、軍事、両面で行なったすべての決定と行動に対して責任を負うべきただ一人の者として、私自身をあなたが代表する連合国の裁定に委ねるため、ここに来ました」

この会見についてマッカーサー元帥はのちに、『回顧録』の中で、こう記している。

「大きな感動が私を揺さぶった。死を伴う責任、それも私の知る限り、明らかに天皇に帰すべきではない責任を進んで引き受けようとする態度に私は激しい感動を覚

えた。私は、すぐ前にいる天皇が一個の人間としても日本で最高の紳士であると思った」

この会見は、十五分の予定だったのが三十五分に延びたのだった。マッカーサーは手を差し出し、天皇も手を出して会釈《えしやく》された。会見は終わった。大使館の前には、およそ百人のカメラマンや記者が並んでいた。

来たときと同じ黒塗りの車で皇居に戻る道路の両側は、見渡す限り焼け跡だった。空襲は東京に関東大震災の二倍の大きな被害をもたらした。昭和天皇が御文庫に帰られると、待ちかねていた良子皇后が、にこやかに、

「ご機嫌よくお帰りになられました」

と言われ、天皇のほっとした表情を見て、安心されたように微笑みながら会釈された。

「私は神ではない、人間である」

昭和二十年十二月六日、木戸幸一《きどこういち》内大臣、近衛文麿《このえふみまろ》元首相ら九人に戦争犯罪人として逮捕命令が出た。

近衛公は自殺。皇族の戦犯として初めて梨本宮守正王《なしもとのみやもりまさ》が逮捕された。十二月十五日、GHQは、国家と神道の分離を指令した。巷《ちまた》には「公職追放」の嵐が吹き荒れていた。

占領下、迎えた昭和二十一年元旦。昭和天皇は神格化否定の人間宣言をされた。つまり私は神ではない、人間である——と。

一月三日、マッカーサー連合国軍最高司令官が、この人間宣言を歓迎する声明を発表、当時の新聞は、大見出しでこれを伝えている。

翌二月十九日から、昭和天皇の全国巡幸の旅がはじまった。

「全国をまわって敗戦で打ちひしがれている国民を激励してこよう」

というのが、全国巡幸の目的だった。

第一日は焦土と化した京浜工業地帯の川崎、横浜などの工場の焼け跡をまわり、工員に話しかけ、戦災者や引き揚げ者を激励した。

当時、神として雲の上に持ち上げられていた天皇はボキャブラリーも少なく、対話も「父と母は元気か」とか「あっそう」など、とつとつとしたものだったが、それが逆に国民から親近感を持たれた。

当時の報道関係者によれば、「あっそう」という昭和天皇の言葉は微妙なアクセントの違いなどから十九種類にも及び、人間天皇に親近感を持った流行語にまでなった。ラジオの放送記者たちは、取材テープの「あっそう」という部分をつなぎ合わせて、同僚に披露し合ったという。

第一日、お帰りを皇居で迎えた良子皇后は、

「まあ、お髪が大層乱れて」

と言われた。昭和天皇は靴もワイシャツも埃《ほこり》にまみれ、髪もボサボサになって帰られたのだった。それをお気遣いになる良子皇后に、

「これでいいのですよ。もう、こういう時代ですよ」

と、むしろ明るい調子でおっしゃった。そうした昭和天皇の熱意が、敗戦に打ちひしがれた国民に通じたのである。

千葉県を巡幸された折は、お召し列車の中で昭和天皇が一泊された記録が残っている。引き揚げ者の寮を訪問したときは、亡くなった両親の位牌《いはい》を手にして天皇を迎える子どもたちもいた。

「坊や、どこから帰りましたか」

「撫順《ぶじゅん》です」

「あっそう」

さらに言葉を探すようにされながら、

「苦しかっただろうね。しっかり勉強して立派な子どもになるんだよ」

と涙を浮かべられていた。そのような情景が、あちこちで見られた。全国各地の歓迎ぶりも年ごとに大きくなり、大阪では群衆整理のため警護に当たっていたMPがピストルを威嚇《いかく》発射するハプニングもあった。

原爆被災者で、『この子を残して』や『長崎の鐘』の著者、故永井隆《ながいたかし》博士は天皇のお見舞いを受けた直後、

「天皇陛下は巡礼ですね。かたちは洋服をお召しになっていましても、大勢のお伴がいても、陛下のお心は、わらじばきの巡礼、独り旅の寂しいお姿の巡礼だと思いました。戦いの後に、破局の後に失われた人々を弔うため、痛ましいお心で巡礼の旅に出られたあの姿こそ、陛下の真のお姿だと思いました」

昭和天皇の全国巡幸は、昭和二十九年（一九五四年）八月の北海道で終わった。良子皇后はこの北海道旅行と栃木県の旅行にご一緒されている。

北海道では、風邪をひかれた良子皇后がお粥《かゆ》を食べることを聞かれた昭和天皇が、

「私もお粥にしよう」

と、一緒にお粥を召し上がったというエピソードが残っている。全国巡幸は、延べ百六十八日、三万三千キロに及び、昭和天皇が国民の中に入って、じかに対話されたのはこれが初めてで、真に画期的なことであった。

言うなれば、人間宣言を体で実行されたのであった。

「これからの日本は大きく変わらなければなりません」

昭和二十一年十一月三日、新憲法が公布され、新皇室典範《てんぱん》が完成。秩父、高松、三笠の三直宮《じきみや》を除いた十一宮家、五十一人が臣籍降下《しんせきこうか》を決意され、朝鮮王公族十六人もこれにならった。前の月の十月、十一宮家の当主に宮内府長官（宮内大臣）から一通の文書が届けられた。文面は、

「ご意思に基づき皇室典範の条規に従い、皇室会議の議をもって昭和二十二年十月十四日、妃〇〇殿下を伴い皇族の列を離れさせられることに決定致しました。右奏聞《そうもん》の上ここに謹んでご報告申し上げます」

という内容であった。この臣籍降下について昭和天皇と良子皇后が一番心配だったこと

は、長い間華やかな華族制度の伝統に生きてこられた貞明《ていめい》皇后が、この打撃をどのように受けるかということであった。

しかし、沼津御用邸に滞在していた貞明皇后は、

「ご維新以前と同じ状態になると思えばいいのですね。私は幼いころ、杉並の民家へ預けられて苦労した経験もありますが、降下される当の宮さまがたは世間知らずのかたが多いので、大変だと思います。しかしこれからの日本は大きく変わらなければなりません」

と、すでに事態を覚悟されておられた。若くして皇太子時代の大正天皇に嫁がれ、昭和天皇を筆頭に四人の男の子の母として、「大宮《おおみや》さま」と慕われた気丈な貞明皇后の、見事なまでの対応であった。

昭和二十二年（一九四七年）十月十八日、各宮家には一時金が支給された。その額は東《ひがし》伏見宮《ふしみのみや》百五十万円、伏見宮四百六十五万円、山階宮《やましなのみや》なし、賀陽宮《かやのみや》八百二十九万五千円、久邇宮九百四十四万円、梨本宮《なしもとのみや》百五万円、朝香宮《あさかのみや》三百九十九万円、東久邇宮《ひがしくにのみや》六百六十五万円、北白川宮《きたしらかわのみや》五百三十九万円、竹田宮《たけだのみや》五百四十四万円、閑院宮《かんいんのみや》百五万円であった。

もと宮さまたちの戦後の試練は、財産税だった。一時金はほとんど税金で消え、納税不足の金策で苦しまれ、不動産を手放さなくてはならなくなった宮家も多かった。

十月十八日、十一宮家は宮中賢所を参拝。昭和天皇、良子皇后、貞明皇后と赤坂離宮でお別れの宴会が開かれた。

食糧不足の時代とはいえ、珍しくフルコースの洋食が用意され、ワインが抜かれた。しかしテーブルについた五十人の旧皇族からは、笑い声も聞かれなかった。夜八時過ぎ、デザートに入ったとき、昭和天皇が席を立ち、

「このたび、皆さまは皇籍を離れることになった。これは、私の真意ではありません。私は今までどおりの気持ちを持っております。今後、ご苦労が多いと思うが、末永くお幸せに暮らすように」

と話され、一同乾杯して宴会を終わり、良子皇后からコスモスの切り花が一人一人に手渡された。

臣籍降下した十一宮家は、国家から支給されていた歳費が出なくなったので、皇族としての体面を守るために、事業を興して、さっそく生活と闘わなくてはならぬ厳しい現実に直面した。

かつて宮家は首相の年俸が一万二千円であるときに、十一万円に上る歳費《さいひ》を天皇家から賜っていたのだった。

現在では、旧皇族がたを含めた天皇家の一族は、年に一度、東京・霞が関の霞会館に集まり、菊栄親睦会《きくえいしんぼくかい》を開いて交流している。

当時「天皇の戦争責任」や「天皇批判」の論評は海外からも国内からも沸き起こり、天皇制も揺れ動いていた。国民生活もどん底に追い込まれ、昭和天皇も深刻に悩まれていた。敗戦の半年前あたりから食事も進まず、めっきり痩《や》せられた昭和天皇の健康を、皇后は心配された。憲法上の立場から、また道義的な見方から、天皇の退位を迫る者もいた。

旧軍人は、

「戦友は天皇陛下万歳を叫んで死んでいったのだ。天皇も責任を取るべき」

と主張していた。このような混乱を背景に開かれた東京裁判でも、天皇の戦争責任はしばしば問題になり、オーストラリア、フランス、ソ連の判事は、機会を見て天皇を法廷に呼び出し、責任を追及しようとさえしていた。

しかし、第一回の会見で天皇の人間性に感動してしまったマッカーサー連合国軍最高司令官は、アメリカの占領政策として、こうした動きに反対だった。キーナン首席検事も、「天皇を決して法廷に立たせてはいけない。出してはならない」と主張していた。

昭和天皇は東京裁判がはじまると連日、裁判記録を取り寄せられ、熱心にご覧になった。

昭和二十三年（一九四八年）十一月十二日、東京裁判の判決宣言がなされた。

キーナン検事は、「天皇を裁判から除外することに連合国の判断が一致した」と発表している。

世界の歴史を見ても、戦いに敗れたり、革命が起きたりした国の国王や元首は、いずれも断頭台の露と消えており、昭和天皇はまことに強運の持ち主と言える。

ちなみに昭和二十一年の昭和天皇の歌会始《うたかいはじめ》のお歌。お題は「松上の雪」。

　ふりつもるみ雪にたへていろかへぬ
　松そををしき人もかくあれ

古着のリフォームを自らの手で

昭和二十年九月二十三日、皇室財産が公表されている。

およそ三十七億円の評価額に対し、九十パーセントの財産税がかけられて、昭和二十三年までに三十三億円が物納によって支払われた。手元に残ったのは、現金わずか千九百万円と日常生活品。土地や建物は、すべて国の財産になった。

食糧事情は厳しく、昭和天皇と良子皇后の食卓の献立も当時は侘《わび》しいものだった。皇居の庭に畑をつくり、お二人は、

「食事の品数を国民と同じように減らすように」

と、指示された。和食なら一汁二菜。洋食ならスープと一皿。その洋食のパンも大豆の粉やふすま入りのパンを召し上がったものだった。

良子皇后は、吹上御苑に白色レグホンの鶏を十羽飼われて、毎日卵を生ませては昭和天皇の食卓にのせた。ときには、内親王のいる呉竹寮や姑の貞明皇太后の大宮御所に、女官を通じて卵を届けさせたりもなさった。

昭和天皇は、この食糧危機を何とか打開しなくては、と農林大臣に次のように指示された。

「皇室の御物《ぎょぶつ》の中には、国際的価値のあるものが相当にある。帝室《ていしつ》博物館長に調査させた目録がある。これをアメリカに渡し食料に替えてもらい、国民の飢餓《きが》を一日でも凌《しの》ぐように」

ここに昭和二十三年一月の良子皇后の歌会始のお歌がある。

ふきのたうつむ手やすめて春霞
たなひくおちの山をみるかな

お歌の「ふきのたう」も、おそらく食膳にのぼったと思われる。
元侍従長の『入江相政《すけまさ》日記』の昭和二十三年六月二十日を見てみよう。

朝から雨である。(中略) 四時半から小雨のなかをゴム長にお傘でお出ましになる。方々で植物をお採らせになる。(中略) 霧の中を七時に還御。それからご入浴。八時まえにご着席。この時に、「ああ、腹が減った」とおおせられた由。これは、十数年来お初めてのこと。

終戦直後の食糧不足は、天皇家の食卓にも及んでおり、健啖家《けんたんか》の昭和天皇、良子皇后にも相当にこたえたらしい。昭和三十一年(一九五六年)八月十一日の入江日記によれば、お元気なころの昭和天皇と良子皇后は、ご夫妻でうなぎを五人前召し上がったこともあった。

物資不足時代に、吹上御所のベランダにボロボロのスリッパがあった。良子皇后がときどき丹念にお繕《つくろ》いになったが、天皇はボロのスリッパを平気で履《は》かれ、ベランダで草花の手入れをなさっていた。

当時は天皇も仕立て直しの服を着られたし、義宮《よしのみや》も兄である皇太子のお古の学生服を着ていた。手先が器用な良子皇后は、自分の着た洋服を仕立て直したりサイズを詰めたりして内親王がたにお着せになった。

ご自分でミシンを踏まれて、どんどん古着を活用され、リフォームなさったのである。

戦後の食糧難をようやく乗り越えたものの、今度は台風のため水害が相次ぎ、天皇は被災地のお見舞いに追われた。

その秋、女官から侍従次長がこんな報告を受けている。

「皇后さまはこの二、三日、宮内庁庁舎にある両陛下の御座所《ござしょ》の大きな納戸に入られて、朝から夕方まで何ものか整理していられるが、一体何だろう」

数日後、皇后は、

「水害にあった人たちのお見舞いを用意いたしました。ここにあるのは義宮さん、孝宮《たかのみや》さん、順宮《よりのみや》さん、清宮《すがのみや》さんたちのものです。お洗濯はしてあるけれど、お古の肌着や洋服なので、くれぐれも名前の出ないようにお願いします」

と念を押された。皇后は、水害の見舞品を準備されたのだった。

身にまとふ衣だになきひとびとに
からくもふれる秋の夜の雨

第五章　みのりの秋《とき》、新しい皇室のはじまり

慎《つつ》ましいけれど楽しかった銀婚式

昭和二十四年（一九四九年）一月二十六日、昭和天皇と良子皇后は、結婚二十五周年を迎え、その祝いが皇居花陰亭《かいんてい》で行なわれた。戦後の食糧難の時代で、お茶とお菓子だけのパーティーであった。

ごく内輪の、くつろいだ会だが、昭和天皇はこの日戦後初めて新調した背広をお召しになられた。これまで全国巡幸なども古い背広で通され、新調をお勧めしても昭和天皇は、

「これでよい。国民も不自由しているのだから、自由につくれるようになるまで我慢するよ」

と言って、お許しが出なかった。当時アメリカの新聞に、

「日本の天皇は戦争に負けてボロを着ている」

という記事が出た。その新聞記事を持った侍従が、天皇にこの記事を見せ、

「お上、あまりに情けのうございます」

と申し上げ、ようやく天皇は、

「国民が恥ずかしい思いをするなら……」

宮中服であった。

と渋々《しぶしぶ》、背広の新調に同意された。良子さまは戦争中からお召しになっていた白っぽい

この日、良子皇后のおしゃれはパールの首飾り一つで慎ましかったが、一家そろって水入らずのお祝いの食事会が、何よりものご馳走《ちそう》であった。

昭和天皇は、上着のポケットから白い紙包みを取り出された。お子さまがたが、

「おもうさま、何ですか」

「何だか当ててごらん」

「あ、わかった。お写真でしょう」

天皇は、

「その通り」

と言いながら、ご自分の手で写真を見せ、

「こんなときもあったんだよ」

と、ぽつりとおっしゃった。その写真は両陛下の新婚時代。背広姿のすっきりとした若きプリンス、裕仁親王に、ほっそりとした白のドレスの美しい良子妃が寄り添ったご成婚の記念写真だった。皇太子や女のお子さまがたが、

「わあ。若く美しい、おたあさまとおもうさま」

と歓声をあげた。良子皇后はこの日、ご自身でピアノを弾かれ、シューベルトのセレナーデをお歌いになった。美しいコロラチュラ・ソプラノのお声で、お子さまがたの盛んな拍手を浴びられた。

銀婚式から遡《さかのぼ》ること二年、昭和二十二年（一九四七年）六月三日、皇后さまは初めて紅葉山の御養蚕所《ごようさんじょ》で宮内記者会の会見に臨まれた。服装は宮中服だった。

「資源が乏しいので、大切にして古い服をつくり替えています。宮中服だと一反でできます。派手になったものも、宮中服に仕立て直せばちょうどいい」

「絵は好きだから、ときどきやりました。料理もときどき自分でしますし、私は何でも食べます。音楽は昔から好きです。ピアノも、娘時代から習っていました」

「日本女性は今が大切なときですから、よっぽどしっかりしてもらわなければ」

良子皇后は、目を細くしてころころと笑われた。

戦前、神と祭り上げられていた夫は、人間宣言によって生まれ変わられた。象徴天皇として、父親として、夫として再生されたのである。良子皇后もまた、二男五女の母として、魅力的な妻として記者団にアピールされたのである。

平民に嫁ぐ、わが娘が心配

昭和二十五年（一九五〇年）、戦後初の皇室のご慶事があった。五月二十日、天皇家の第三皇女孝宮和子《たかのみやかずこ》内親王が鷹司平通《たかつかさとしみち》氏とご結婚された。

新郎は、交通博物館に勤めるサラリーマン。新婦の叔父にあたる三笠宮は、披露宴で平通氏の「平」と和子さまの「和」を結んで、「平和結婚」といってお祝いのスピーチをなさった。

内親王が民間の平民と結婚することを、降嫁《こうか》という。皇族から前例のない結婚であった。良子皇后は、孝宮を花嫁修業のため、百武三郎《ひゃくたけさぶろう》元侍従長の家に家事見習いに出された。

旧皇族出身の母親として、予想もつかない平民の生活をするわが娘、孝宮の将来を心配されてのご決断であった。

「もしわからないことがあったら、なんでも百武にききなさい。他人の手を煩わせてはいけません。なんでも自分でするように」

と孝宮をおさとしになった皇后は、こうして娘を送り出された。百武家では、朝夕の布団の上げ下ろし、料理、掃除、来客の出迎えまで体験された。

この特訓で、若い孝宮は、平民のライフスタイルを身につけ、無事に内親王からサラリーマン夫人になった。

東京都千代田区紀尾井町の百武家から半蔵門の皇居に帰るときの孝宮は、都電九番で平河町二丁目から半蔵門まで一人で移動できるようになった。

良子皇后も、何度か百武家を訪ねて、内親王の花嫁修業を激励された。お嫁入り道具の手配も、食器に至るまで、一つ一つ皇后が選ばれ、先に結婚していた姉東久邇《ひがしくに》成子《しげこ》さんも、お嫁入り道具にと、自分が使っていない桐簞笥《きりだんす》をかんなをかけてリフォームされ、妹のお嫁入り道具に贈られた。

昭和二十五年五月二十日、東京・高輪の光輪閣《こうりんかく》で行なわれた結婚式には、昭和天皇、良子皇后、おばあさまの皇太后も参列された。

思えば長女照宮《てるのみや》の結婚披露宴には、「皇室親族令」に縛られ、両親は出席できなかった。かつての「上御《かみご》一人《いちにん》」という思想から、目下の結婚披露には、両親といえども参列することはできなかった。

この披露宴は天皇家の結婚としては、これまでに見られない温かみのある結婚式になった。式は鷹司家の希望もあって、質素にとり行なわれている。

花嫁衣装は、孝宮はウェディングドレスという希望だったが、そうすれば新調しなければならないので、長女照宮がご結婚のときにお召しになった小袿《こうちぎ》をお使いになった。

お色直しも振り袖ではなく、結婚後も使えるようにということで、留め袖にされている。これは、良子皇后の母としてのアドバイスであった。

父である昭和天皇は、孝宮の結婚祝いに金鶏鳥《きんけいちょう》を金糸、銀糸で刺繍《ししゅう》した訪問着をプレゼントされた。夫である鷹司平通氏の父が鳥類の研究者であり、かつて昭和天皇に生きている金鶏鳥を献上されたことがあった。

これをたいへん喜ばれた昭和天皇は、祝福の意味を込めて、刺繡のデザインに金鶏鳥をイメージされたのだった。

昭和天皇の母君、貞明皇后が逝去《せいきょ》

明くる年、昭和二十六年（一九五一年）五月十七日午後四時十分、昭和天皇の母君、貞明皇太后が大宮《おおみや》御所で狭心症のため逝去《せいきょ》された。

昭和天皇と良子皇后が大宮御所に駆けつけたのは、亡くなられてから四十分もたってからだった。

第一報が入ったのが、午後四時十五分。三谷《みたに》侍従長が両陛下にお伝えになったが、このときすでにお亡くなりになっている時間だった。

大宮さまと呼ばれた貞明皇太后は、気丈なかたで、戦争末期に疎開もされず、焼け跡の防空壕で頑張っておられた。昭和天皇がいくら疎開をお勧めしてもお聞き入れにならず、たまに沼津の御用邸などで静養されても、地元の漁業組合がまぐろを献上すると、一番よい部分、とろのお刺身をお上にあげようとわざわざ皇居に届けさせられた。

ここで、貞明皇后のことにちょっと触れておこう。夫である大正天皇は、病弱で早くにお亡くなりになっている。貞明皇后は、お名前を節子《さだこ》といわれる。

公爵九条道孝《くじようみちたか》の四女として、十七歳で皇太子妃にあがった。昭和天皇、秩父宮、高松宮、三笠宮の四人の男の子をお産みになり、事実上、一夫一婦制を確立された近代皇室の実力者でもあった。

お体の弱い皇太子のため、明治天皇の皇后、昭憲《しようけん》皇后が学習院の運動会で九条節子に白羽の矢を立てて、皇太子妃とされたというエピソードが残っている。

また、大正天皇の生母早蕨局《さわらびのつぼね》柳原愛子《やなぎはらなるこ》のかたは、のちに柳原二位局《にいのつぼね》と呼ばれた。昭和十八年（一九四三年）、八十九歳で亡くなられ、東京・目黒の祐天寺《ゆうてんじ》に葬られた。

幼いときの九条節子姫は、健康に育つようにと、高円寺の農家大河原《おおかわら》家に里子に出された。当時の大河原家の住所は東京府下高円寺村、現在の青梅街道の高円寺の陸橋近辺にあたる。

昔の高円寺は空気が澄んだ農業地帯だったので、節子姫は大河原家の乳兄弟や近所の子どもたちと遊び、伸び伸びと成長された。

明治二十二年（一八八九年）九条家に戻り、女子学習院の前身、華族女学校の小学科に入学されている。国語、習字、フランス語、体操がすぐれていたという記録が残っている。

明治天皇は、皇太子嘉仁《よしひと》親王のご成婚をたいへん喜ばれ、侍医として皇太子の健康管理にあたった帝国大学医学部教授ドクトル・アーウィン・ベルツに勲一等瑞宝章を授けている。

十七歳の皇太子妃節子さまは、明治天皇の期待に応えるかのように、五年間に男の子三人を続けてお産みになった。

明治三十四年（一九〇一年）四月二十九日に昭和天皇、翌年の六月二十五日に秩父宮、

同三十八年（一九〇五年）一月三日、高松宮をご出産になり、十年後に三笠宮をお産みになった。

皇室のライフスタイルで注目されることは、大正天皇と貞明皇后は、完全に一夫一婦制を守られていたことである。それまでは、皇統を絶やさぬために、女官が側室の役割をはたしていた。若く健康な皇太子妃節子さまの登場で、その必要はまったくなくなった。

大正十四年（一九二五年）五月、大正天皇と貞明皇后の銀婚式があったが、その一年半後、十二月二十五日に大正天皇は崩御され、皇后は皇太后になられた。昭和天皇の時代、昭和五年（一九三〇年）五月、皇太后は、新築の大宮《おおみや》御所に移られた。

東京市赤坂区赤坂離宮青山御所御領地内ということで、大宮御所と呼ばれるようになったのは、昭和五年五月一日のことだった。

貞明皇后はひたすら大正天皇のご冥福を祈る毎日だったが、四人の男の子の母として、「母は強し」の典型でいらした。

昭和二十六年、皇太后逝去の折、昭和天皇が悲しみの弔辞《ちょうじ》を詠まれている。

その一節は、

霊車とどめがたく幽明永久《ゆうめいとこしなえ》におとなう　ああかなしいかな

また、昭和天皇は、貞明皇后崩御と題し、

悲しけれどはふりの庭をふしをがむ
ひとの多しをうれしとぞおもふ

孫にあたる皇太子（現天皇）は、

今一度あひたしとおもふ祖母宮に
馬の試合の話をもせず

と詠まれている。

良子さまも、嫁として姑に気がねを

私は貞明皇后にはお会いしたことはないが、そのお人柄の一端を、三笠宮百合子妃《みかさのみやゆりこ》を取材して伺うことができた。

百合子妃は、五人の子の母。戦後、世の中が変わり、三笠宮家は育ち盛りのお子さまがいて、教育方針を変えていかなければならなかった。それに一番協力されたのが、姑の貞明皇后であった。私が、

「たとえば、どんなふうにご協力してくださったのですか?」

と問うと、

「戦後、宮中言葉をやめ、一般家庭の言葉で話すよう率先して実行なさったのはお母さまです。私ども五人の子どもにも『おもうさま』をお父さま、『おたたさま』をお母さまと言うようご自分からおおせ出されて、お改めになりました。頭の柔らかいかたでいらっしゃいます」

と百合子妃は話された。

一般に年配の人は頑固で古いものに固執するようにみられるが、貞明皇后はそうした姿勢は微塵《みじん》もなく、積極的に新しい時代の教育方針に沿ってお孫さんたちの教育に協力的で

あった。

良子皇后は久邇宮家のご出身で、皇族の姫君であった。最初に良子姫に白羽の矢を立てたのは、昭憲皇太后であったといわれる。明治天皇が亡くなられたとき、各宮家では家族そろってお悔やみに行かれた。その折、九歳の久邇宮良子姫の喪服姿が、ひときわ美しく、とくに昭憲皇太后のお目をひいたのだった。

良子姫は学習院でも成績がよく、珠のようなソプラノが美しく、体操やなぎなたの時間には、よく指名されて号令をかけた。横に長い一重まぶたの姫は、ほっそりときゃしゃだが、体格検査の結果もよかった。

しかし、時の大正天皇の皇后節子《さだこ》さまをためらわせたのは、ご自分より高い家柄であった。皇后は九条公爵家の庶子で、生母は野間《のま》幾子《いくこ》というかたであった。

この世界の身分、家柄を重んじることは、現代では想像もつかぬほど厳しかった。たとえば、良子皇后の母久邇宮俔子《ちかこ》妃は、正室ではあっても島津公爵の庶子である。そのため六人の子どもはわが子でありながら、終生自分より高い身分としてあつかった。宮中の身分制度は非常に厳しく、勝ち気な貞明皇后はそうしたコンプレックスに耐えてこられたのである。

二男の秩父宮をはじめ、高松宮、三笠宮妃は決して皇族から選ばれなかったことをみても、そのことがうかがえる。

貞明皇后は、ご自身で選ばれた華族出身の三人の妃のほうに親近感を持っていらした。中でも、秩父宮の勢津子妃をとくに愛しておられたという。

秩父宮妃の母上松平信子さんが貞明皇后のもとに伺ったときと、良子皇后の母上久邇宮俔子妃が訪問されたときとでは、はっきりと態度が違っていたと、戦前の女官経験者から取材したことがある。

良子皇后も、嫁として貞明皇后に気がねをされたことだろう。

在位中の皇后が古希《こき》を迎えるのは初めて

良子皇后は昭和四十八年（一九七三年）三月六日、満七十歳の誕生日をお迎えになった。在位中の皇后が古希をお迎えになったのは初めてのことである。皇后の古希を祝う会は、昭和天皇主催で、宮殿春秋の間で行なわれた。

ゲストは落語家の三遊亭円生《さんゆうていえんしょう》師匠、邦楽荻江節《おぎえぶし》の荻江露友《おぎえろゆう》さんだった。荻江さんは良子皇后の絵の先生、前田青邨《まえだせいそん》夫人である。皇后の雅号「桃苑《とうえん》」にちなみ、荻江節「桃」を歌った。このとき円生師匠は、おめでたい「お神酒徳利」を御前口演した。

ここに良子皇后の古希を前に、宮内記者会のインタビュー記録がある。

——「古希を迎えられたご感想、ご心境は？」

皇后「皆さんから古希を祝ってもらって、ありがとう。いつの間にか七十歳になったという感じですが、幸いにも健康にも恵まれていますので、これからも陛下をお助けして、国民の皆さんの幸福を願って日々つとめに励みたいと思います」

——「七十年を振り返って、一番印象深かったことは？」

皇后「最近では、陛下のお供でヨーロッパ旅行のできたことが一番印象に残っています。それにつけても、今は平和ですが、戦中、戦後にかけての陛下のご心情をお側で見ているのは辛い思いでした」

——「ご健康法は？」

皇后「やってませんよ。しいていえば毎日の生活が規則正しく、時間どおりということでしょうか。那須の高原を汗を流して歩くのが一番よいようです。これ以上太らないように気をつけますよ」

——「ヨーロッパご旅行で感じられたことは？」

皇后「あっというまに十八日が過ぎてしまい、それに限られたところしか見物できませんでしたので……。落ち着いた街のたたずまいや自然の風景が印象に残っています」

——「皇后さまにとって『女のしあわせ』とは何でしょうか？」

皇后「…………」（笑ってお答えにならなかった）

——「最近、どういうことをされておられますか？」

皇后「絵を描いたり、歌を詠んだりしています」

——「姑として、美智子さま、華子さまに何かご注文はありますか？」

皇后「二人とも皇室の一員として立派につとめてくれますし、何も望むことはありません」

「皇后さまの絵と書展」

昭和四十八年（一九七三年）の九月六日から、良子皇后の古希を祝って、上野公園にある日本芸術院会館で、「皇后さまの絵と書展」が開催された。日本赤十字社と朝日新聞の主催、宮内庁の後援だった。絵画五十一点、書五点を展示。

良子皇后は上野の会場に、絵の指導にあたった前田青邨画伯をご案内された。ベージュのコートに、濃い茶の帽子と、オーストリッチのハンドバッグ。

その日は、美智子妃以下、女性皇族全員も良子皇后の絵を鑑賞された。自作の前に立った良子皇后は、ただただ照れ臭そうに笑っていらした。

一般公開日には一日平均四千人、十八日間で約七万六千人の入場者があった。良子皇后の絵は、野菜、果物、花、鳥、魚、自然を写生したものが多い。前田画伯の前には川合玉《かわいぎょく》堂《どう》画伯に師事されていた。

川合画伯は、「お手本は、大自然あるのみ」と言っていた。川合画伯の影響だろうか、良子皇后はカンのよいかただから、そのときどきの指導にあたる先生がたの言葉を大変素直に受け止め、次の機会に作品を見ていただくときには注意された点がきちんと直っておられたという。

おおらかで気品のある良子皇后の作風は、見るものをあたたかい気分にしてくれる。この展覧会は翌年三月、関西に場を移し、京都国立博物館、さらに愛知県美術館でも開催。

昭和四十四年（一九六九年）には、日本赤十字社のチャリティーに役立たせるためとして、原色版印刷の画集『錦芳集《きんぽうしゅう》』を刊行。一般に販売され、その収益は日本赤十字社に寄付された。

『錦芳集』の巻末に、前田画伯が「皇后さまと絵」と題し、一文を残されている。

「(前略) 何時見せていただいても、皇后様のお作は堂々としている事、たっぷりしている事、こせこせしていない事、そのものの姿を描こうとして、四つに組んでいらっしゃる事、いつでもこういう事を感じる。

ここのところを大事になさるべきだと思う。

私が絵のご相談に与《あずか》るようになったのは昭和三十四年からの事であるが、その頃と今日とを比べると、実に長足のご進歩である」

昭和四十八年九月十三日の入江日記には、

(前略) 九月十三日 (木) 小雨

二時過ぎに出て、田中・占部両君と、芸術院会館の皇后様の展覧会。なかなかの入り。額絵がよく売れていて良かった。つづいて院展、このほうが閑散。行動展はさらに閑散。

と記されている。

結婚五十年を祝う金婚式

時は昭和四十九年（一九七四年）一月二十六日、午後のひととき。所は皇居連翠《れんすい》の間。昭和天皇、良子皇后の結婚五十年を祝う金婚式のパーティーが開かれた。

学習院時代のご学友、結婚当時お側近く仕えた侍従や女官など百二十人が、思い出を胸に出席した。サンドイッチにビールやジュースの簡単な立食パーティーだった。

元侍従の岡本愛祐《おかもとあいすけ》は、五十年前の結婚式の朝を思い出し、こう話す。

「当時二十二歳の裕仁親王は馬車行列の準備をお待ちになる間、赤坂離宮のベランダを幾度も行ったり来たりして、落ち着かないご様子でいらした」

ご学友の永積寅彦さんたちは、戦争ごっこをした少年時代の思い出話に花を咲かせていた。

在位中の天皇の金婚式は、長い皇室の歴史でも初めてだった。この日、天皇晴れの皇居坂下門には、お祝いの記帳者が列をつくり、英国のエリザベス女王からは紅茶セット、アメリカのニクソン大統領からは陶器の置物と、外国からも金婚式のプレゼントが届いた。

そして結婚六十年のダイヤモンド婚を

昭和五十九年（一九八四年）一月二十六日、昭和天皇と良子皇后は結婚六十年のダイヤモンド婚をお迎えになった。夫である昭和天皇は、良子皇后との六十年の歳月を、

「六十年を振り返ってみていろいろなことがあったが、皇后がいつも朗らかで家庭を明るくしてくれ、私の気持ちを支えてくれたことを感謝している。一緒に出掛けることが少なくなったが、これからもできるだけそろって出掛ける機会を考えていきたい」

良子皇后は、

「六十年間、陛下のお側《そば》で過ごすことができたことを幸せに思っています。これからも陛下がお仕事に精をお出しになられるようお手伝いをしていきたい」

と言われた。何と息の合った夫婦のやりとりであろう。

そのお言葉には、いぶし銀《ぎん》のような夫婦の年輪が感じられる。

在位六十年を祝う政府主催の記念式典は、昭和六十一年（一九八六年）四月二十九日。皇居での一般参賀には、良子皇后も昭和天皇と並んで長和殿《ちょうわでん》バルコニーからお手を振られ

た。

「誕生日を祝ってくれてありがとう。これからも皆の幸福であることを希望します」

昭和天皇は元気なお声でマイクを通じて国民に語りかけられた。東京・両国の国技館の式典ではこんなハプニングがあった。

昭和天皇が国技館出発直前、正面でお見送りをした全日本鼓笛バンドの椎名大輔《しいなだいすけ》ちゃん（五歳）が陛下の前で、

「天皇さま、おめでとうございます」

と白いカーネーションとかすみ草の花束をプレゼントした。続いて、白いベレー帽の西村友里ちゃん（七歳）が、

「皇后さまに渡してください」

と言って、赤いカーネーションとかすみ草の花束を差し出した。昭和天皇は、思いがけないプレゼントに笑顔で花束を受け取られ、

「ありがとう。よく勉強してよい子になってください」

と声をかけられた。皇居へ帰られた昭和天皇は、さっそく赤いカーネーションの花束を良子皇后に渡された。

「皇后も喜んでいる。帰りがけに可愛い子どもから花束をもらって嬉しかった」と侍従に述べられた。

この年の秋、ダイヤモンド婚を迎えられた記念に、昭和天皇と良子皇后は、かつての新婚旅行の地、福島県猪苗代《いなわしろ》湖畔の翁島《おきなじま》、天鏡閣《てんきょうかく》へ、フルムーンの旅行をなさった。大正十三年（一九二四年）、新婚の年の一夏をこの地でお過ごしになったお二人は、半世紀後、再びおそろいでこの地を訪れる幸せを味わわれた。

高松宮家の別邸、天鏡閣には、五十年前、若き日のお二人が乗られた馬車が、大切に保存されてあり、懐かしい対面をされたのだった。

昭和六十年（一九八五年）当時の良子皇后の日常生活を紹介しよう。

吹上御所での生活は毎朝七時半起床。本当はもっと早くお目覚めなのだが、「あまり周りの者たちを早く起こしては」とお気遣いになり、ブザーは七時半と決めておられる。

昭和天皇とともにテレビの朝の連続ドラマをご覧になりながら、朝食。宮殿に出勤される昭和天皇をお見送りになる。「行っていらっしゃいませ」「行ってくるよ」と、短く朝のご挨拶《あいさつ》。

天気のよい日は、昭和天皇お出ましのあと、三十分ほど吹上御苑のお庭を散歩なさった。吹上御苑のバラ園は、かつて良子皇后がお世話された。食堂の窓から、色とりどりのバラが咲き乱れているのが一望できる。

昭和五十年代の後半に入ってからは、腰痛や膝の痛みなどで専門家にお任せになっている。

平成八年（一九九六年）の三月六日、良子皇太后は九十三歳の誕生日をお迎えになった。前年は阪神大震災のため、お祝いの午餐会は中止されたが、二年ぶりに再開され、家族に囲まれて会食される楽しいひとときを持たれた。

毎週末に天皇、皇后両陛下が吹上大宮御所《ふきあげおおみやごしょ》を訪問。常陸宮両殿下も二週間に一回良子皇太后を訪問されている。

このほか美智子皇后は、お一人で毎週水曜日に吹上大宮御所をお訪ねになり、天気のよい日には良子皇太后の車椅子を押してバラ園を三十分ほど散歩されるという。

百十一日間、がんと闘い続けられた昭和天皇

昭和六十四年（一九八九年）一月七日朝、昭和天皇崩御《ほうぎょ》。八十七歳の波乱の生涯を終え、六十四年にわたった昭和が幕を閉じた。

前年の秋から冬に続く百十一日の日々を、がんと闘い続けた昭和の陛下。吹上御所二階の寝室には、ベッドのまわりに皇太子をはじめ、常陸宮夫妻、四女池田厚子さん、五女島津貴子さんらご家族二十人が取り巻いていた。

美智子さまと池田厚子さんは、祈るように陛下の足をさすっておられた。良子皇后はご危篤となられた時点で駆けつけられ、車椅子にも頼られず、お一人で立たれて陛下にお別れをなさった。

柳の箸二本に脱脂綿を巻いて茶碗に入った水で濡らし、皇太子さまから順に末期の水を唇に浸された。侍医団が陛下の遺体を整え白羽二重の着物に替えて差し上げた。

侍医の一人によると、

「まったく静かな最期《さいご》であられた。いいお顔で嘘《うそ》みたい。何かおっしゃりたそうなお顔でした」

泣いたかたはおられなかったという。この日は七草。寝室の中には七草を盛った籠《かご》と昭和天皇の著書『皇居の植物』が置かれていた。病の床につかれたのちも、尽きることのない学問への興味を示され、植物にも見守られた大往生であった。

激動の時代をともに生きた夫に別れを

亡き昭和天皇のご遺体は、吹上御所二階の寝室から一階の居間に移動。親族のお別れが行なわれた。居間は、お元気なころ良子皇后とおくつろぎに使われていた六十七平方メートルの部屋。古式にのっとり、白布が敷き詰められ厚い畳が二枚重ねられ、白装束のご遺体は畳の上の床に安置された。

お別れは、まず良子皇太后から。

思えば大正七年のご婚約内定からご成婚まで六年。宮中某重大事件を乗り越え、大正十三年一月二十六日のご成婚。

激動の昭和は、軍国主義の時代であった。昭和二十年八月十五日の日本の敗戦。昭和天皇の人間宣言。占領、復興、高度経済成長。長男である皇太子は、民間出身の正田美智子さんとご成婚。日本の歴史はじまって以来のことであった。

姑として、二男五女の母として、人間天皇の妻として良子皇太后は昭和の陛下とともに時代の変革を受け止めてこられた。そのお心の内は、いかばかりであったろうか。経済大国となった日本の高度成長、新幹線、オリンピック、万国博覧会など、平和と繁栄の昭和を目の当たりにされた良子皇太后。

おそろいで初のヨーロッパ、アメリカご訪問の折、気品あふれるエンプレス・スマイルは永く人々の記憶に残された。背の君昭和天皇とともに六十数年を歩まれ、心静かに夫君を送られた。そして、目まぐるしい激動の時代が終わりを告げた。

これからは、良子さまから美智子さまへ新しい時代が予感される。

新しい時代、良子さまから美智子さまへ

美智子さまは実に運の強いかただ。それは姑の良子皇太后と比べても、そのご運の強さは歴然としている。

美智子さまは、ご成婚の翌年の昭和三十五年（一九六〇年）、早々に男のお子さまをもうけられた。

美智子さまのご懐妊が発表されたのは、まだ、ご成婚の興奮も冷めやらぬ昭和三十四年（一九五九年）九月十五日。

「ご懐妊三ヵ月でご経過もご順調、ご出産予定日は昭和三十五年三月二日……」

と宮内庁発表があった。皇太子にとっても美智子さまにとっても、ご結婚・ご出産は極めて公的な意味を持つものだった。

正田家のご両親や結婚をバックアップされた小泉信三《こいずみしんぞう》博士ら関係者にとって、ご懐妊の発表は何よりも朗報であった。

常磐松《ときわまつ》の東宮仮御所で開かれた内輪のパーティーで乾杯の音頭をとった小泉東宮参与の表情は、ことのほか晴れやかであった。

まもなく美智子さまは東京・渋谷区にある渋谷保健所で皇族初の母子手帳の交付を受けられた。

この母子手帳にお腹の赤ちゃんの成長記録が書き込まれるのを、美智子さまは何よりも楽しみにされていた。

当時は、まだ皇太子妃教育の御進講も続いていた。和辻哲郎《わつじてつろう》博士の「日本史」、田中耕太郎《たなかこうたろう》最高裁長官の「憲法」、前田陽一《まえだよういち》東大教授の「フランス語」、小泉博士の「お心得」、五島美代子《ごとうみよこ》さんの「和歌」などの御進講を美智子さまは受けておられた。

皇太子は、そんなハードな日課をご心配になったが、美智子さまは体に無理のない限り続けたいと、ご希望になった。

「そのほうが、赤ちゃんにもよい影響があると思いますので……」

英語がお得意の美智子さまは『スポック博士の育児書』を原書でお読みになっていた。

当時は、まだ日本語訳が出版されていなかったのである。

歴代皇太子妃初めての病院での出産

つわりのひどい時期もおありだった。あまり食事がすすまないと伝え聞いた聖心のご学友が、特製のコンソメスープをつくって、御所にお届けすることもあった。

「石黒先生にご指導いただいて、特別ていねいにつくったスープを、代表が御所にお届けしたんですよ」

ご結婚前、料理研究家の石黒勝代さんのもとで美智子さまと一緒に料理を習った仲間の一人が、そんな思い出を披露している。

のちにお料理がご縁で石黒先生のご子息と結婚した石黒（酒井）恵美子さんは、聖心で美智子さまと同級生だ。東京・渋谷区隠田《おんでん》にあった早蕨《さわらび》幼稚園で、私と恵美子ちゃんは仲良しの幼友だちであった。

歴代皇太子妃でも病院でのご出産は、美智子さまが初めてのことであった。

明治以降は産所は青山御所、昭和に入ってからは皇居の中に産殿、ご静養室が設けられ、歴代の皇太子妃はそこでご出産なさった。

美智子さまは、出産予定日より十日も早い昭和三十五年二月二十三日、午後四時十五分、宮内庁病院で男の子をご出産。

身長四十七センチ、体重二千五百四十グラム。元気な親王の誕生であった。お名前は「浩宮徳仁」。

偶然と言えばそれまでだが、その偶然に恵まれることを運と言っていいだろう。美智子さまは、強運の妃であった。

「あれ（皇子誕生）は、マザー・ブリットが毎日お祈りをされた結果よ……」

そんなお話がよく交わされていました、と聖心の学友の一人が語っている。

あまりにも見事な皇子誕生に、そこに何かしら神の存在を感じるご学友が多かったのである。

「皇子誕生」は、まず昭和天皇・皇后両陛下に報告された。

ご出産の担当医、小林隆《こばやしたかし》東大教授が出産時刻、性別を書き込んだメモが佐藤久《さとうひさし》東宮侍医長を経て、「産殿伺候」（出産の見届け役）にあたった瓜生《うりゅう》宮内庁次長に渡された。

たしかに皇子であることを確認した瓜生次長から、昭和天皇へ報告がなされた。

一方、東宮仮御所の皇太子には、山田《やまだ》康彦《やすひこ》東宮侍従長が報告した。

「親王さまご誕生。御母子ともお健やかでいらっしゃいます」
午後六時過ぎ、皇太子は美智子さまのお好きなエリカとコデマリの花を持って、宮内庁病院に到着された。
このときの皇太子は、耳たぶまでうっすらと赤味を帯びた上気したお顔で、お喜びを隠しきれないご様子だったと、当時の宮内庁担当記者は語っている。
ご出産四日目から、美智子さまはマスクをかけられ、白衣をつけられ、親王をお抱きになって四時間おきに授乳されるようになった。

含む乳の真白きにごり溢れいづ
子のくれなゐの唇生きて

ご出産まもないころの、美智子さまの和歌である。

「皇室に新しい血が入った」

こんな取材エピソードがある。昭和三十八年（一九六三年）、『三歳になった浩宮さま』

の取材にあたり、佐藤久東宮侍医長は離乳（生後六ヵ月ごろ）の様子を語られた。

「浩宮さまにそろそろ離乳食をということになって、ある日、トマトを潰《つぶ》して、スプーンにのせ、試しに差し出してみたんです。そしたら、浩宮さまはそれをペロッと召し上がってしまった。これには正直、びっくりいたしましたね」

これを聞いて最初、私などは〝潰したトマトを食べたくらいでびっくりするなんて〟と思ったりしたのだが、佐藤侍医長に言わせると、それまでの宮さまがたは〝離乳が非常にむずかしかった〟そうだ。

なかなか離乳食を食べられず、そのため、いつまでも離乳できないことが多かった。それだけに、浩宮さまが初めからトマトを〝ペロッと召し上がった〟ことに周囲はびっくりしたのである。

「そのとき、あっ、皇室に新しい血が入ったのだな！　と、しみじみ実感しました」

佐藤侍医長は感無量の面持ちで、そう述懐された。

両陛下は、教育も学校にお任せになった。

たとえば、お子さまたちの父兄として授業参観をなさるときでも、天皇・皇后は決して学習院側が用意した貴賓室《きひんしつ》をお使いになったことはない。

「私たちは一般の父兄です」

と言って辞退されている。

夫婦愛再確認の旅

「フルムーン」

こう申し上げては、失礼だろうか。美智子さまを優しくエスコートされる天皇陛下。飛行機のタラップや階段を降りるときの、お手助けや優しいまなざし、また、あるときは腰に手をまわしてかばわれる。

美智子さまの慈愛あふれる微笑み。平成六年（一九九四年）のアメリカ親善訪問は夫婦愛再確認の旅とお見受けした。

お二方は六月十日から十七日間で十一都市、移動距離二万七千キロ、完全休養日は一日もなしというアメリカご旅行を無事に果たされている。

六十歳と五十九歳というお年を考えると、体調を崩されないほうがおかしいぐらいであった。

随員や同行の新聞・テレビのジャーナリストも過密スケジュールと連日の猛暑のため

に、へとへとだったという。

出発前、陛下は皇后さまの体調を気遣われ次のような言葉を残されて旅立たれている。

「このたびの訪米の日程は非常に厳しく、また、それに加えて体の負担も大きいので心配していますが、これまで、いつも皇后が私の公務を陰から支えてくれているように、この度も務めを心を尽くして果たしてゆくものと思っています」

皇后さまは、

「このたびの長い旅行の日程に全く不安を感じていないと申すことはできませんが、つつがなく務めを果たせるよう体に気をつけて、お供をさせていただきます」

出発前の心配は杞憂《きゆう》に終わった。ご夫妻は過密スケジュールをこなされ、見事に大役を果たされたことは喜ばしい。

外務省・宮内庁主導の日程を消化しきった陛下と美智子皇后の基礎体力の秘訣は、若いときからテニスを長く続けてこられたことだと思う。テニスの上級者の足腰は、鍛え抜かれている。ボールに追いつくには絶えず走っていなくてはならないからだ。

訪米中の両陛下の表情は、日本での公務より遥《はる》かにリラックスしていられるご様子で、折に触れ妻にカメラを向ける夫の姿、ご結婚三十五年、みのりの秋《とき》をともに迎えた、ご夫婦の愛があった。

平成六年六月十三日、米国ワシントンDCのホワイトハウス南庭、快晴、気温は三十度を超える炎天であった。

楽しみは朝起きいでて昨日まで
なかりし花の咲けるみるとき

江戸末期の歌人 橘 曙覧《たちばなのあけみ》の和歌を引いて、クリントン大統領は将来の日米関係のイメージを期待を込めて話され、陛下のスピーチは太平洋が「平和の海」となることを希望して締めくくられた。

訪米のハイライトであるホワイトハウスでの歓迎式典と晩餐会が終了したときの、アメリカ東部の主な新聞の論調をご紹介しよう。ワシントン・ポスト紙が一面トップに、「日本の静かな陛下」、社交欄で「朝日（Rising Sun 日本を意味する）を浴びて」という見出しで晩餐会のメニューから来賓の名簿まで詳しく報じている。

「ニューヨーク・タイムズ」もこれに負けじと両陛下を迎える大統領夫妻の大きな写真を

使って「日本の皇室に赤絨毯とホワイト・タイ」「不快な現実は、しばし休日」など大特集を組み、ジャーナリストの視点は好意的なものであった。

最高の礼を尽くした式典と晩餐会は、大統領が政治の実務者ではなく、アメリカ国民の象徴として日本の象徴である天皇・皇后への友好と日米両国の重要性の確認と言えるものでもあった。

同行された栗山《くりやま》駐米大使は、

「戦後五十年を経過することで日米は新しい関係に入ってきているが、日本の新しい象徴に対し米国人が両陛下に抱いた印象は、正直言って予想以上」

と語っている。しかし、現地では戦争責任を追及するアジア住民のデモや真珠湾訪問の見送りなど、戦争の影は半世紀を経て、なおも尾を引いて見えた。

「プリンセス・ミチコ」と二十五年ぶりの再会

アメリカでは、お花が大好きな皇后美智子さまに行く先々で花束のプレゼントが用意されていた。

六月十七日、ニューヨークの障害者サービスセンターでも花束贈呈があり、車椅子の子どもたちが美智子さまの作詞された「ねむの木の子守歌」を、日本語で歌ってお迎えしている。

旅行も後半に入った二十一日、ロサンゼルス郊外のハンティントン図書館では黒人の地元小学生が歓迎の子どもたちを代表して、花束を渡した。

その中にオレンジ色のバラが数本。館長夫人が、

「プリンセス・ミチコです」

と伝えると、皇后さまは思わず小さく声をあげ、いとおしむようにオレンジ色のバラをかき抱いた。

昭和四十一年（一九六六年）、英国大使館を通じてバラの品種改良課から献上された濃いオレンジの中輪のバラ。「プリンセス・ミチコ」と名づけられて二十五年の時が流れた。ご自身の名前がつけられた一輪のバラとアメリカでの再会は、皇后さまも感慨無量の面持ちであった。

取材に同行した日本テレビの渡辺満子《わたなべみつこ》プロデューサーは、こう話す。

「オフをエンジョイしていられたコロラドの皇后さまが一番リラックスしていられたように、お見受けしました。

また、全体的な印象は陛下とのパートナーシップが百二十点満点です」

美智子さまは、ニューヨークでは日本語を学ぶアメリカ人の小学校を訪問され、子どもたちに英語で、

「(日本語を学ぶのは) tough to learn」

と言われ、励まされた。

主体的な生き方を持った妃

時の流れは早い。ご成婚の明くる年、昭和三十五年(一九六〇年)の九月二十二日から十月七日まで、皇太子時代の陛下と美智子さまは日米修好百年記念行事に、おそろいでアメリカにお出掛けになっている。

七ヵ月の赤ちゃんであった浩宮さまは、お留守番。若いお母さまは子守歌をテープに録音しての旅立ちであり、美智子妃殿下として皇室外交へのデビューであった。

特にご婚約のとき、「現代のシンデレラ」と米国のマスコミで広く紹介されていたプリンセス・ミチコへの関心は高く、気品があふれ、しかも語学堪能《たんのう》のプリンセスは、たいへんな人気の的《まと》であった。

アイゼンハワー大統領主催の歓迎晩餐会の映像を、私は忘れることができない。老練のアイゼンハワー大統領、マミー夫人と並ぶ気品に満ちた美智子さま。

女性は最初の出産を果たし回復したときが、人生でもっとも美しいときと言われる。まさに美智子さまは、輝くばかりのインテリジェンスにあふれていた。

良子皇太后ご伝来の燦然《さんぜん》と輝くティアラ。胸には昭和天皇から賜った勲一等宝冠章。ドレスの布地は、京都の龍村《たつむら》美術織物が織り上げた、白地に金糸で雲を浮き立たせた洗雲亭《せんうんてい》であった。

「私と同世代の若き貴婦人が、世界の外交の檜舞台《ひのきぶたい》で堂々と自信に満ちて行動していらっしゃる」

昭和三十五年といえば、ようやく戦後を脱出したばかり。世界はまだ、はるかに遠い時代であった。

国際感覚を持った新しい妃殿下の登場。大学で英文学を専攻、テニスも上手、恋愛で皇太子と結ばれた、これまでの皇族妃とは違う、主体的な生き方を持った未来の皇后の皇室外交への鮮烈なデビューであった。

ワシントンでは女性記者による会見も行なわれ、美智子さまは流暢《りゅうちょう》と折り紙つきの英語で日本に残してきた浩宮について語られた。

「子守歌をテープに録音してきたのは、私の考えです。浩宮に寂しい思いをさせないためだけではなく、私自身のためでもあります。今ごろ、聞いていてくれると思うと、心が休まるのです」

若き皇太子妃の語学力と優しい母親らしさは、アメリカの女性記者たちに深い感銘をあたえた。

このご旅行には、エール大学留学中であった美智子さまの兄正田巌さんも妹を現地でお迎えになり、今は亡き小泉信三氏は随員として終始同行されていた。

平成の皇室は「幸せな家族像」

今、なぜ皇室ブームなのだろうか。

平成の皇室は「幸せな家族像」をイメージしている。プロデューサーは皇后美智子さまであり、陛下のよき伴侶としてあたたかいホームをおつくりになった。

前述のアメリカ親善訪問は、全力投球ともいうべき両陛下の誠実なご態度が各地で好印象を残している。

とにもかくにも陛下と美智子さまは千人を超すアメリカ人と握手し、英語で話されたのである。

天皇・皇后両陛下のアメリカ訪問について、知日派のコロンビア大学のジェラルド・カーチス教授は、

「政治・経済を超えた友好関係の確認として、象徴天皇の訪問は有益なものであった」と語っている。髪に白いものがまじる初老の夫婦が、いたわりあいながら過密スケジュールをこなす。陛下と美智子さまのお姿は、まさに、

「皇室外交は千人の大使派遣の重みを持つ」

の言葉どおりであった。

ご結婚四十年、陛下と美智子さまは、いぶし銀のようなご夫婦の絆《きずな》で、時代が求める皇室像を体現されたのであった。

ご在位十年を迎えられて

平成十一年（一九九九年）十一月十二日、今上陛下は在位十年をお迎えになった。両陛下は、美しく年を重ねていらっしゃる。

ご在位十年という節目にあたり、読売新聞が「皇室観」に関する全国世論調査を行なった。

今の天皇御一家に好感を持っているかには、「好感を持っている」が「どちらかといえば」を合わせて七十六パーセントにのぼり、「持っていない」八パーセントを大幅に上回った。

この十年、皇室が変わったと感ずる点があるかどうかをきいたところ、「被災地をいち早く慰問《いもん》」と「話し方がわかりやすく親しめる」が三十三パーセントでいずれもトップ。

これは、阪神淡路大震災などの被災地に陛下と美智子さまがいち早くお見舞いに出かけたことや、「みなさん」とわかりやすい言葉で国民に語りかける陛下の印象が、強く残っているようだ。

「国民とともに」

これに続く三位から五位では、「国際親善に意欲的」三十パーセント。「福祉問題に高い関心」二十五パーセント。「戦災を受けた土地への慰霊訪問」二十パーセントなど、いずれも陛下と美智子さまが積極的に取り組んでこられたテーマがあげられた。

皇位継承が二十一パーセントと出たのは、国民の多くが後継者誕生を心待ちにしている表れと言えよう。

また男女別でみると、男性の関心度が「国際親善活動」二十四パーセントに対し、女性は「日常生活」二十九パーセント、「服装やファッション」十五パーセントの数字が目立つ。

時事通信社の、皇室に関する世論調査（全国の成人男女二千人）結果も、「親近感を持っている」「尊敬している」を合わせた好感度は、六十三・五パーセントにのぼり、前年の調査より四・九ポイント上昇した。

昭和三十四年（一九五九年）、若き日の天皇陛下が正田美智子さんを皇太子妃に迎えて四十年。お二人があたたかい家庭をつくり、「国民とともに」めざす平成の皇室をつくり上げてきたことが広く支持された結果であろう。

改めて、日本人の皇室に対する考え方が浮き彫りにされた。

悲しい出来事、雅子さまの流産

平成十一年（一九九九年）も押し迫って、天皇家に悲しい出来事が起きた。

ご懐妊の徴候が見られた皇太子妃雅子さまが、妊娠七週に流産をされた。雅子さまは十二月三十日、宮内庁病院でご懐妊を確認するため超音波診断などの再検査を受けられ、この結果、稽留流産《けいりゅうりゅうざん》と診断され手術を受け、三十一日元赤坂の東宮御所へ戻られた。

私は、今にして思う。雅子さまの過密スケジュール、ベルギー皇太子結婚式御出席が響いたのではないだろうか。

普通の家庭ならば、妊娠初期の微妙なタイミングは静養するのが当たり前だ。「国際親善」という皇族の仕事に、命懸けの公務出張であった。

送り出す姑の美智子さま、出発する嫁の雅子さま、そのお心の内はいかばかりであったろう。

国民がもっとも期待する天皇家の「国際親善」という仕事を、雅子さまは優先されたのである。

お体を大切に、次のチャンスを成功させていただきたい。

あとがき

昭和天皇と良子さまのお楽しみに、公式行事のない日曜日の自然観察があった。皇居の百十五万平方メートルの美しい自然の中を、お二人で散歩された。

良子さまは、いつもスケッチブックをお持ちになった。昭和四十二年（一九六七年）四月のある日、おそろいでバードウォッチングをなさった。

そのとき、良子さまは吹上御苑に迷い込んだ美しい鳥を見つけた。

「やつがしら」と言えば芋《いも》のことだが、同じ名前の鳥がいることは意外に知られていない。この鳥の英語の名前は、チベッタンフーピー。

その名のとおり、遠くチベットからの渡り鳥。日本ではほとんど見られず、シルクロードからきた正倉院御物《ぎょぶつ》「紅染ぞうげ細工の物差し」や「琵琶」に描かれている伝説の鳥である。

その鳥が飛んできて数日、吹上御苑にとどまり、四日後にどこへともなく飛び去って行った。良子さまは、そのイメージを和歌で表現なさった。

頂《いただ》きに冠羽《かんむりはね》のつらなりて
様《さま》おもしろき鳥はまひきぬ
日のもとにはゐぬ鳥なりとひとはいふ
わがみいでしをあはれと思ふ
大君《おおきみ》は我呼ぶ声に驚きの
御《おん》まなざしもて見入りたまひぬ
ひと目見て「やつがしら」ぞとのたまへる
君のみ言葉うれしとぞ思ふ
正倉院の御物にありとふ「やつがしら」
いま目の前にゐさをあさるなり

こんな情景が浮かんでくる。仲のよい老夫婦がいたわり合いながら、バードウォッチングをしている。

そのとき妻が、

「あら、珍しい鳥が。お上《かみ》、ご覧になって？」

夫は一目見て、

「おっ、これはやつがしらじゃないか、珍しいじゃないか」

芸術家の妻と科学者の夫の、微笑ましい語らいである。

やつがしらという鳥はブッポウソウ目《もく》に属し、中国大陸に棲《す》む渡り鳥である。ごくまれに、日本にも飛来する。唐の時代の壁画にも、この鳥のモチーフが見られる。また古代エジプトやクレタの壁画にも描かれている。

ギリシアの古典劇作家アリストファネスの喜劇「鳥」にその名を残し、紀元二世紀に書かれたパウサニアスの『ギリシア誌』に、悲しい声で鳴く不思議な鳥として、その名をエポパと記録されている。

良子さまはご自身で金泥《こんでい》の下絵を描かれ、やつがしらの生態を何パターンか描かれた。金泥の下絵の上に四十種の和歌を詠まれて絵巻物として完成、壮大な芸術作品となった。

やつがしらと琵琶など正倉院の御物をあしらったこの絵巻物は、五メートルの長さに及ぶ。

良子さまは、この「吹上のやつがしら」と合わせて、那須と葉山の風物を金泥で描き、三部作の構想をお持ちであったが、完成されたのは「吹上のやつがしら」だけであった。良子さまがこの鳥に寄せる愛着は、並々ならぬものであった。

ご自分で下絵を描いて、お召し物の肩にやつがしらをお染めになるなど、この絵巻物は生物学が専門でいらした昭和天皇に寄せる愛情がにじみ出ているように思われてならない。

昭和八年（一九三三年）十二月二十三日、当時の内大臣牧野伸顕《まきののぶあき》は日記にこう書き残している。

初めて御泣き声を拝したる時は、実に何とも申しようなきありがたみを覚えたり。（中略）親王御降誕の報道は瞬間に伝わり、まず大奥の空気たちまち活気を呈し、殊に末回りには、女孺《にょじゅ》、雑仕《ざつし》などの高らかなる笑い声聞こえ……（後略）。

良子さまの妹の故大谷智子《おおたにさとこ》裏方《うらかた》は、のちにこう話した。

「お姉さまが人生で一番お喜びだったのは、皇太子さまがお生まれになったときでございましたわ」

光陰矢のごとし。昭和から平成に時代が移り、『入江相政日記《いりえすけまさ》』や『梨本宮伊都子《なしもとのみやいつこ》妃の日記』など昭和史の第一級史料が公開され、話題になった。

日本テレビ在職中だった私は、その史料をいち早くテレビ用に映像化、報道番組として放映した。そのとき、視聴者からこんなお手紙をいただいたことがある。

「前略　渡辺みどり先生、あなたは間違っておられる。長年国母陛下として昭和の陛下に仕え、大任を果たされた良子皇太后を『意地悪姑』扱いするのは、おやめください。（後略）」

便箋《びんせん》三枚に書かれた、好意あるおさとしのお手紙であった。事実は一つ、解釈は多様なのである。

テレビ取材などでは、次のかたがたにお世話になった。厚くお礼申しあげる。

安楽定信、池田厚子、池坊保子、入江相政、岩尾光代、大谷智子、大塚斌、岡本愛祐、加瀬俊一、岸田英夫、酒井美意子、正田修、高松宮宣仁親王、同喜久子妃、高村トシ、竹腰美代子、竹中敏子、田中千代、秩父宮勢津子妃、筒井光康・君子、徳川幹子、中島弘子、永積寅彦、東久邇信彦、東伏見慈洽、福田赳夫、星野甲子久、前田青邨、松崎敏弥、三笠宮寛仁親王、李方子（五十音順　敬称略　故人含む）

文化女子大学教授　渡辺《わたなべ》みどり

参考文献

『平成の天皇』橋本明著　文芸春秋
『皇太子の窓』（新装版）エリザベス・グレー・ヴァイニング著　文芸春秋
『天皇とわたし』エリザベス・グレー・ヴァイニング著　山本書店
『入江相政日記』第二―四巻　朝日新聞社
『宮中侍従物語』入江相政編　TBSブリタニカ
『いくたびの春―宮中五十年』入江相政著　TBSブリタニカ
『皇室制度史料』后妃一―五　宮内庁書陵部編　吉川弘文館
『天皇家の戦い』加瀬英明著　新潮社
『梨本宮伊都子妃の日記』小田部雄次編　小学館
『三代の天皇と私』梨本伊都子著　講談社
『木戸幸一日記』上巻　東京大学出版会
『牧野伸顕日記』中央公論新社
『学習院百年史』第二編　学習院百年史編纂委員会編
『子どもたちの太平洋戦争』山中恒著　岩波新書
『天皇陛下の三百六十五日』上中下　星野甲子久著　東京ブレインズ
『天皇と侍従長』岸田英夫著　朝日文庫

『ジョオジ五世伝と帝室論』小泉信三著　文芸春秋
『テニスと私』石井小一郎著　私家版
『昭和天皇独白録―寺崎英成・御用掛日記―』寺崎英成著　文芸春秋
『象徴天皇』高橋紘著　岩波新書
『高松宮宣仁親王』高松宮宣仁親王伝記刊行委員会編　朝日新聞社
『菊に華あり』高松宮妃傘寿記念委員会編　主婦の友社
『歴代皇后総覧』秋田書店
『ある華族の昭和史』酒井美意子著　講談社文庫
『良子皇后における人間の研究』高瀬広居著　山手書房
『天皇への道―明仁陛下の昭和史』吉田伸弥著　読売新聞社
『昭和史の天皇』第一、五巻　読売新聞社

写真集　画集

『立太子記念御写真帳・皇太子殿下』妙義出版社
『皇后さま　御誕生から今日までのアルバム』主婦の友社
『日本の肖像　旧皇族・華族秘蔵アルバム』八巻　毎日新聞社
『錦芳集』朝日新聞社
『文化学園服飾博物館名品抄』文化学園服飾博物館編
『宮廷の装い』文化学園服飾博物館編

本作品は一九九六年十一月、読売新聞社より刊行された『皇太后良子さま　エンプレス・スマイル』を文庫化するにあたり、序章を加筆し、本文も大幅に加筆再編集したオリジナル版です。

渡辺みどり―1935年、東京都に生まれる。早稲田大学を卒業後、日本テレビ放送網に入局。1980年、ドキュメント番組「がんばれ太・平・洋・三つ子十五年の成長記録」を制作し、日本民間放送連盟賞テレビ社会部門最優秀賞を受賞する。数々の皇室特番も手がけ、報道局エグゼクティブ・プロデューサーとして活躍。文化女子大学教授。

著書には『美智子皇后の「いのちの旅」』(文藝春秋)、『美智子皇后ともしびの旅路』(小学館)、『テレビ・ドキュメンタリーの現場から』(講談社現代新書)、『美智子皇后と雅子妃　秘められた想い』『イギリス王室の強き妃《きさき》たち』『怖くて読めない英国王室残酷物語』(以上、講談社＋α文庫)などがある。

講談社＋α文庫　良《なが》子《こ》皇太后《こうたいごう》と美《み》智《ち》子《こ》皇后《こうごう》

渡辺《わたなべ》みどり

2000年5月20日第1刷発行

発行者――野間佐和子
発行所――株式会社 講談社
東京都文京区音羽2-12-21 〒112-8001
電話 出版部(03)5395-3529
販売部(03)5395-3626
製作部(03)5395-3615

装画――斎藤ユノ
デザイン――鈴木成一デザイン室
カバー印刷――凸版印刷株式会社
印刷――慶昌堂印刷株式会社
製本――株式会社国宝社

落丁本・乱丁本は小社書籍製作部あてにお送りください。
送料は小社負担にてお取り替えします。
なお、この本の内容についてのお問い合わせは
生活文化第二出版部あてにお願いいたします。
Printed in Japan ISBN4-06-256432-7 (生活文化二)
定価はカバーに表示してあります。

書名	著者	内容	価格	番号
いつだって、誰かがいてくれる	A・J・ツワルスキー 笹野洋子訳	人間関係が一気に楽になる心の法則がここにある。スヌーピーたちがそれを教えてくれる	640円	A 21-2
まにあうよ、いまからでも スヌーピーたちの生きることが楽になる⑫のステップ	A・J・ツワルスキー 笹野洋子訳	心理的問題を解決して、こうありたいと思う自分に生まれ変わる12の方法がここにある！	700円	A 21-3
＊スヌーピーののんきが一番❶～❼	チャールズ・M・シュルツ 谷川俊太郎訳	急がず、無理せず、自分を失わずに生きるヒント！日曜版傑作選!! 全巻・河合隼雄解説	各583円	A 23-0
＊イギリス王室の強き妃《きさき》たち 自分で演出した「女の一生」	渡辺みどり	政略結婚、不倫、離婚。自ら波乱万丈、自分第一の華麗な生き方を選んだ女たちのすべて	640円	A 24-1
美智子皇后と雅子妃 秘められた想い	渡辺みどり	美智子さま、雅子さまの平成のひらかれた皇室がここにある!! 興味深いエピソード多数	780円	A 24-2
＊良子《ながこ》皇太后と美智子皇后	渡辺みどり	日本一の旧家、天皇家の嫁として、姑《しゅうとめ》としての生き方!! 二人の妃《きさき》の長い道のり、軌跡を辿《たど》る	680円	A 24-3
ヒロインは、なぜ殺されるのか	田嶋陽子	フェミニストの立場から、見過ごされてきた映画の中の女性抑圧のかたちを読み解く!!	880円	A 25-1
やっぱり、ひとりが楽でいい!?	岸本葉子	ひとりの気楽さ、心地よさが大好き。だからひとり！ 無理をしない生き方ができる一冊	700円	A 26-1
お金のいらない快適生活入門	岸本葉子	自分でできる面白い毎日、こんな生活があったんだ!! 発想の転換、工夫で何かが変わる	680円	A 26-2
ビルとアンの愛の法則 60分で読めて、一生離せない本	ビル・ナーグラー アン・アンドロフ 井上篤夫訳	精神医学の権威と対人関係の第一人者による、病《や》んだ愛まで治してしまう、究極のルール！	580円	A 27-1

＊印は書き下ろし・オリジナル作品

表示価格はすべて本体価格（税別）です。本体価格は変更することがあります

講談社+α文庫 Ⓔ歴史

エリザベート　血の伯爵《はくしゃく》夫人
桐生　操
己の美貌と若さを保つために、若い娘の生き血にとり憑《つ》かれた女の呪われた宿命の生涯！
580円 E 18-1

女王メアリ　血の死刑台
桐生　操
その美しさゆえにライバルに憎まれ、断頭台に散った悲劇の女王の人生を描く歴史ロマン
600円 E 18-2

怖くて読めない英国王室残酷物語
渡辺みどり
可愛さあまって憎さ百倍！　愛した妻の首も平気ではねる英国王室の愛憎渦巻く怖い歴史
580円 E 19-1

人間はどこまで残虐になれるか　拷問の世界史
D・P・マニックス　吉田誠一　訳
串刺し、火あぶり、鞭打ち、鉄締め。生きながら死よりも恐い苦痛を与える暗黒の技術《テクニック》!!
740円 E 20-1

歴史劇画　大宰相　第一巻　吉田茂の闘争
さいとう・たかを　戸川猪佐武　原作　早坂茂三　解説
日本を動かした凄い男たちの闘い、日本の熱き時代を、さいとう・たかをが劇画化。全十巻
980円 E 21-1

歴史劇画　大宰相　第二巻　鳩山一郎の悲運
さいとう・たかを　戸川猪佐武　原作　早坂茂三　解説
敗戦、GHQ占領、財閥解体、日本国憲法制定、講和条約調印……戦後日本史を劇画で読む
980円 E 21-2

歴史劇画　大宰相　第三巻　岸信介の強腕
さいとう・たかを　戸川猪佐武　原作　早坂茂三　解説
「安保反対」を叫ぶデモ隊、日米安保改定強行可決する岸。昭和史の転換点いよいよ迫る！
980円 E 21-3

歴史劇画　大宰相　第四巻　池田勇人と佐藤栄作の激突
さいとう・たかを　戸川猪佐武　原作　早坂茂三　解説
池田のもと経済大国への道を進む日本。だが、佐藤の長期政権下、角福戦争が始まっていた
980円 E 21-4

歴史劇画　大宰相　第五巻　田中角栄の革命
さいとう・たかを　戸川猪佐武　原作　早坂茂三　解説
列島改造論の田中政権が誕生した。だが、金脈問題が暴露され退陣は必至。自民党は大混乱
980円 E 21-5

歴史劇画　大宰相　第六巻　三木武夫の挑戦
さいとう・たかを　戸川猪佐武　原作　早坂茂三　解説
政界浄化を訴える三木が総理に。だが「三木おろし」を狙う反主流派との派閥大抗争に発展
980円 E 21-6

＊印は書き下ろし・オリジナル作品

表示価格はすべて本体価格（税抜）です。本体価格は変更することがあります